変化する社会の
Inequality in a Changing Society:
不平等 少子高齢化にひそむ格差
Hidden Disparities behind the Demographic Shift in Japan

白波瀬佐和子──[編]

白波瀬佐和子／佐藤俊樹／玄田有史
苅谷剛彦／石田浩／松浦克己／宮里尚三

東京大学出版会

Inequality in a Changing Society:
Hidden Disparities behind the Demographic Shift in Japan
Sawako SHIRAHASE, Editor
University of Tokyo Press, 2006
ISBN 4-13-051124-6

目次

序―少子高齢化にひそむ格差 ――――――――白波瀬佐和子　1

　1―少子高齢化と不平等 (1)　2―明らかな変化の中の不透明さ (3)
　3―格差と不平等 (5)　4―不公平だと感じること (7)
　5―意識の階層性 (8)　6―数の変化と質の変化：全体と部分 (9)
　7―本書の構成 (11)

1―爆発する不平等感 ――――――――――――佐藤俊樹　17
　　　――戦後型社会の転換と「平等化」戦略

　1―「不平等化」の中身 (17)　2―「不平等感の爆発」という事件 (18)
　3―もう一つの事象：「不平等感の消失」(20)　4―「機会の平等」を脅かす家族 (22)
　5―「機会の不平等」を消失させる家族 (24)　6―親と子の連続性がつくる公平さ (26)
　7―「空白」の代理とジェンダー (28)　8―戦後型の平等社会 (30)
　9―戦後型家族の喪失 (32)　10―未来志向の消滅 (34)
　11―「不平等感」が物語ること (35)　12―政策的「失敗」のからくり (37)
　13―5つの戦略：新たな「解決」にむけて (39)　14―平等化戦略がめざすもの (44)

2―不平等化日本の中身 ――――――――――白波瀬佐和子　47
　　　――世帯とジェンダーに着目して

　1―不平等化の流れ (47)　2―経済格差をみる2つの視点：世帯とジェンダー (50)
　3―世帯構造の変化 (54)　4―ライフステージからみた不平等度 (58)
　5―世帯構造からみた不平等の程度 (61)　6―世帯構造別経済的リスクの違い (64)
　7―単独世帯の経済状況 (65)　8―経済格差をジェンダーからみる意味 (71)
　9―経済的リスクと世帯・ジェンダー (75)

3―中年齢無業者から見た格差問題 ――――――玄田有史　79

　1―はじめに (79)　2―中年無業者について (81)
　3―中年齢無業者層と性別，学歴，地域 (84)　4―中年齢無業者層の実態 (86)

5―仕事に就いた経験 (90) 6―求職活動をしない理由 (92)
7―中年無業と世帯収入 (95) 8―高所得無業者層の出現 (98)
9―むすびにかえて (101)

4―少子高齢化時代における教育格差の将来像────苅谷剛彦　105
　　── 義務教育を通じた再配分のゆくえ

1―問題の設定 (105)　2―資源再配分装置としての義務教育 (108)
3―資源はどのように再配分されるか (118)　4―義務教育人件費の将来予測 (122)
5―おわりに (131)

5―健康と格差──少子高齢化の背後にあるもの────石田　浩　137

1―はじめに (137)　2―データと変数 (141)
3―健康関連変数 (144)　4―健康の社会経済的格差 (146)
5―生活習慣,健康情報の社会経済的格差 (155)　6―おわりに (159)

6―遺産,年金,出産・子育てが生む格差────松浦克己　165
　　── 純金融資産を例に

1―選択の余地のないことと格差 (165)
2―現代日本社会が抱える相続税,年金制度,子育ての問題 (169)
3―データとグループ別にみた資産等の格差 (176)
4―純金融資産の格差を生み出しているもの (180)
5―普通の家計の中の格差 (193)

7―社会保障の個人勘定化がもたらすもの────────宮里尚三　197
　　── リスクシェアリングとしての公的年金

1―社会保障の個人勘定化の背景と新たな問題 (197)　2―2つの年金制度 (199)
3―社会経済環境の変化と公的年金 (203)　4―簡単なシミュレーション分析 (210)
5―まとめ (214)　6―補論 (216)

8―変化する社会の不平等────────────白波瀬佐和子　219

1―みえてきた格差 (219)　2―少子高齢化の不平等 (220)
3―変化する世の中にひそむ不平等 (229)

あとがき────────────────────白波瀬佐和子　233

索引（人名・事項）——————————235
執筆者紹介————————————243

序 少子高齢化にひそむ格差

白波瀬佐和子

1 ── 少子高齢化と不平等

　世の中は不平等か．もちろん不平等だ．不平等があることを人々は確信するが，その中身はなんとなく曖昧で，見えてこない．人々が不平等や格差を実感する一方で，その複雑なメカニズムを見分けるのは容易ではない．「二極分化」や「勝ち組み─負け組み」，あるいは「上流─下流」といった過激な言葉に反応する人々の本音は，実はそこにある．世の中が複雑で，中味のメカニズムがわからないからこそ，単純明確で過激な言葉に人々は何のためらいもなく反応する．「少子化のどこが悪い！」「負け組みが日本を滅ぼす！」などといったメッセージが鬱積した人々の心理をがっちりと捉える．

　1960年代の高度経済成長は，一億総中流社会の幻想を生み，階級のない社会が強調された．1990年代の終わりにバブルがはじけて慢性的な不況期に突入し，人々は内に秘め鬱積した不平等感を表しはじめた．『日本の経済格差』（橘木　1998）や『不平等社会日本』（佐藤　2000）がベストセラーになったのも単なる偶然ではない．見えない格差が見えてきた．親は子どもが自分達よりも豊かな生活を送る未来を想定して人生設計を行ってきた．しかし，子世代が親世代よりも豊かな生活を謳歌できる確信が持てなくなると人々は閉塞感を抱き，各界で台頭する二世を目の当たりにして硬直的な社会構造を実感する．見えないと思ってきた，自分とは無関係と思

ってきた不平等は実はそこにある．不公平や不条理も他人事ではないと人々が実感するいま，大きく変化する人口構造の中で，社会経済的な格差や不平等のメカニズムは同様に変化しているのか，いないのか．これが本書で問われる大きな問いである．

わが国の1980年代以降の高齢化が所得格差の拡大をもたらしたことを早い段階で指摘したのは，大竹（1994）である．佐藤は『不平等社会日本』（2000）で，上層ホワイトカラー層への限定的な移動を指摘し，1990年代以降の階層社会化を説いた．苅谷（2001）によれば，学力低下傾向は出身階層間の学力格差を助長しながら進行しているという．最近の子どもの学力低下は，実は階層格差と密接に関連しているのである．一方，盛山（2003）は「物語としての階層化論」を強調し，階層それ自体は以前から存在し，階層間格差が拡大し階層再生産が強化されて階層構造が固定化するという最近の議論の信憑性に大きな疑問を投げかけている．石田（2000；2002）は，出身階級と到達階級の世代間移動の趨勢を周辺分布の違いを考慮にいれて分析した結果，高度経済成長期以降には，社会の開放性や平等化が進展，あるいは後退したという一貫した格差の変化は認められないと述べる．松浦（2002）も，所得のみならず消費，資産にも着目して格差の程度を算出し，1990年代の不平等度に大きな変化が認められないとする．

21世紀に入ってからの不平等化論は過激さを増している．本当にそれほど世の中は急激に不平等化したのか．これまでなかった不平等が突然出現して，世の中が大きく不平等化したのか．実際のデータをみてみるとそれほど明確な不平等化傾向は認められない（石田　2000；盛山　2003；白波瀬　2005）．それなのになぜ，人々は過激な不平等化論に相槌をうち，世の中を負け組みと勝ち組みに二分化しようとするのか．それほど世の中は単純に分断されるのか．

過激なことばが好まれ，固有名詞つきの論破が飛び交う中，実のところ，世の中はそれほど単純ではなく曖昧で，不透明である．負け組みはますます負け，勝ち組みはますます勝っていく，そんな単純な二極分化を容易に受け入れてしまう背景には，複雑ではっきりしない世の中がある．そこで本書がめざすところは，極端な議論が横行する中で，実はわからないことが多い世の中のメカニズムを正面から探ることにある．

2 ───明らかな変化の中の不透明さ

　少子高齢化は大きく4つの人口学的要因によって実現される．(1)若年層の晩婚化，未婚化，(2)子どもを持たない夫婦の増加，(3)65歳以上人口比率の上昇と(4)後期高齢層の増加に代表される長寿化，である．これらの人口学的な変化は単なる数の変化にとどまらず，社会を構成する諸個人の関係，さらには諸制度との関係という質的な変化を伴う．

　少子高齢社会は，避けようのない確実にやってくる将来であるが，その中身は不透明で曖昧だ．皆がいたるところで口にする少子高齢社会であるが，その中味は意外とわかっていない．確実にやってくる近い未来がわからない．明らかな変化を前にして，人々はとてつもなく不安になり，必要以上に悲観的になったかと思うと，むやみに楽観的になったりする．人々の気持ちは大きく振れる振り子のようだ．この不安な気持ちは，過激で過度に単純化されたメッセージを歓迎する．

　黒か白かを強引に結論づけて，短絡的に二極化させる思考体系は，事実を不透明にしてあえて現実から逃避することに通じる．過激な言葉に人々は妙に納得させられて，現状を受け入れる．ここでの二分化論の背景にあるのは，結局はそれも他人事といえる逃げの論理

である．極端な負け組みと極端な勝ち組みを想定した二極分化論の中に，人々の多くは該当しない．二極分化論で該当するものが結局のところ少数派であるというのが，この議論の鍵である．世の中はもう少し複雑で，負け組みでも勝ち組みとも言い切れないものが多数いる．その多数派はこの二極分化論には登場しない．二極分化論に自分はいないので，二極分化論で展開される不平等論は，結局他人ごとの面白いお話にすぎない．だから，他人事の過激なストーリーを受け入れ，世の中がわかった気になって安心する．「そういうことって，わかるような気がする」「でも，自分のことじゃないから，本当のところわからないのよね」と読者は半ば安心して感想を述べる．

人々は物事を否定しようとしない巧妙さをどこかでもっている．既存の体制を根底から破壊し，新たな体制へと転換させよう，などという気構えはあまりない．恵まれない環境で育ち，どうがんばっても不当な評価しかうけない．そんな時でも，かれらは怒りをストレートに発しようとしない．不透明な世の中で，彼らは諦めと妥協が奇妙にブレンドされて，現状を受け入れる．しかし，現実を受け入れることは，現実を直視することと必ずしも一致しない．物事を直視することを逃れ，複雑な物事を解明しようとすることから目を背けようとする．その回避が，簡単に諦めて現実を肯定することになる．しかし，現実はそれほど単純ではない．いろんな人がいるのだ．単なる勝ち組，負け組だけではないのだよ．世の中をゼロか100にすると，自分の場所を見つけることはかえって難しい．人々を勝ち組か負け組かの2タイプか，せいぜい4つの血液型で分類するとなると，自分にぴったりとあてはまるような居場所などない世の中を無条件に受け入れる．現実ってこんなものよ，まるで他人事のように現実を受けとめる．

日本の人口変動の特徴としてまずあげなければならないのは，その変化の早さである．変化が早いので，人々は過度に悲観的になったり，楽観的になったりする．何が変化なのか．どの変化を捉えて，これからの社会をデザインしていくべきなのか．変化が早いことによって，これらの問いを熟慮する暇なく，自分達も同時進行でがむしゃらに走ろうとする．変化と一緒に走ろうとするから，どこに変化があって変化がないのか，識別しくにくくなる．そこで本書では，少子高齢化の明らかな量的な変化を，社会の配分原理に着目した不平等構造から捉え，量と質の変化の整合性について考察を試みる．

3 ── 格差と不平等

　猪木（2003）は，所得格差がどうして問題となるのかについて，事実と認識の問題に絡めて議論する．格差が事実としてのみ存在するならばそこに経済学者や社会学者がいうところの社会問題としての意味はない．しかし所得格差が問題であるとするのは，所得格差の事実に伴う人々の認識（猪木は「やる気」に着目している）と関連しているところにその理由がある．格差が問題になる所以は，格差が単なる差，違いではなく，その違いによって発生する社会的，経済的な優位性・劣位性が介在するからである．ここでの優位性・劣位性は，連続的な所得の高低にとどまらない．所得の程度から派生する威信や名誉を含む社会的地位を決定し，人々の実質的な生活水準を決定する．この生活水準はその時点の生活の質や水準を決定するのみならず，将来遭遇するかもしれない疾病や失業，加齢や出産・子育てといったリスクへの潜在的な対応力にも通じる．このように量的違いから派生する，優位性・劣位性，潜在的な対処力が，より包括的な社会の不平等構造を生む．ここでの不平等とは，自らのコントロールを超えたところで決定する不条理さが一つの鍵とな

る．何が不条理か，それは身からでた錆ではないのか，と格差を避けることのできない一つの正義とみるならば，そこに不平等は存在しないし，格差は道徳的に肯定されうる．格差を単なる差ではない不平等の一環として捉える背景には，自己責任だけでは説明しきれない不条理があるからだ．

　不平等と格差は，なんら区別なく使用されることが多い．何が不平等で，何が格差なのか，その意味するところはかなり重複しているが，ここで少し整理しておくことにしよう．まず格差をみるにあたって注目しなければならないことは，その程度を測るにあたって基準値，期待水準が存在することである（佐藤　2005）．こうあるべき基準値，期待水準が設定され，その設定値からのズレが不平等，不公平の程度として測られる．そのズレの程度は序列を内包し，格付けされた差が格差である．違いの大きさは基準水準をゼロとした距離をさし，望ましい状況（たとえば格差ゼロの状況）からどの程度乖離しているかを表示したのが，格差である．格差が小さいほうが望ましいと評価されることがほとんどであるが，ここでの問題は格差の基準値，期待水準が絶対でないところが格差の意味を曖昧にする．たとえば，格差がゼロ，みなが同じ状況が望ましく，われわれが目指している社会であるのか，という疑問が生まれる．もちろん，格差ゼロから大きく乖離する状況は望ましくはないであろう．しかし，格差のない世の中が果たして現実的に存在するのか．どんなに業績を上げようとも，まったく業績を出さないものと同じ報酬しか受け取らず，所得格差がゼロという状況は不公平だということになる．

　諸個人の業績を正当に評価したならば，その結果としての所得の差は公平な結果であるといえる．しかし，不平等ということになると，結果を正当に評価せず個人の能力如何を超えた不条理な要因が

評価に介入する．所得が正当に評価された結果ではなく不条理な要因が介在すると，所得の差は不当となって不平等ということになる．この正当でない評価こそが，格差を超えた不平等の概念に大きく関わってくる．格差そのものも格付けされた差である時点で規範が介入し，一定の序列が価値判断のもとで設定されている．その意味で格差も不平等もかなり似通った概念であるが，不平等の方が格差よりも価値判断が介入し，評価の概念が関与する．つまり所得の差がないことが望ましいのではなく，所得がどの程度個人の業績，力量を正当に評価したものであるかが，所得の差を不平等なものとするかどうかの分かれ目となる．

このように，格差はより経験的，実証的に測定しうることを強調した概念であり，不平等とは測定可能性のみならず格差の位置づけを社会正義の問題として取り組む概念ともいえる．そこで本書では，不平等をより強い規範概念を伴う格差と定義しておこう．不平等とは，格付けされた差が社会正義と関係してどの程度受け入れることができるかをさし，価値と結びついた配分概念である．

4 ───不公平だと感じること

1955年以来10年ごとに実施されている社会学者を中心とした「社会階層と社会移動全国調査」（以降，SSM調査）をみると，日本社会に様々な不公平があると多数が感じている（1995年SSM調査研究会　1997）．その中で「大いに不公平だと思う」と答えた割合が最も高かったのは，「学歴による不公平」であり（48.6％），次いで「所得による不公平」（39.0％），「資産による不公平」（36.6％）が続く．一方，「家柄による不公平」を大いに感じたという者は，24.2％と比較的少ない．ここでの結果から，所得や資産といった結果において不公平を感じている者が多く，家柄といった所得

や資産上の地位,あるいは学歴取得に先行する変数についてはそれほどの不公平を感じていない.家柄とは自らの努力や能力で決められるものではなく,そこには配分原理そのものが機能していないと見なされている.

「学歴による不公平」を大いに感じるものが過半数近くいる.所得や職業はその時点での社会的地位を表す一つの結果変数である.一方,学歴はどの程度のチャンスが個人の前に提示されているのかを決定する機会変数であると同時に,一定の学歴を取得することによって生じる地位という側面を合わせもつ.言い換えれば,教育は結果の不平等と機会の不平等の両方をあわせもつからこそ,人々は不公平を一層敏感に感じるのではなかろうか.公平な配分原理の結果としての格差であれば人々は不公平を感じない.しかし不公平と感じる背景には,結果自体が不公平な配分原理に拠っていると感じているからである(海野 2000).公平に与えられたチャンスの中で結果に違いがでても,それは仕方ない.しかしチャンスそのものが公平に与えられない状況で,結果の違いが生まれるのは我慢できない.人々は結果の背後にある機会の不平等に不条理を感じ,不平等感をつのらせる.

5 ── 意識の階層性

人々が実感する格差や不平等は,全体と部分との関係の中でどう展開されるべきなのか.たとえば,全体の不平等の程度は1990年代に入りそれほど変わらない.しかし,人々は自らの将来やわが子の将来の見通しの悪さから,不平等をより敏感に実感する.ここでの両者の不整合は,ミクロな個人の実感がマクロなレベルの変化を必ずしも直接的に反映させたものではないことを意味する.しかし,ミクロなレベルの個人の意識はマクロなレベルの社会状況と独立し

ているわけでもない.

　少子高齢化は確実な変化である反面,そこでの将来に向けた見通しは悪い.出生率の低下と高齢人口の増加から発生するマクロな人口変動が確実に進行していることはわかる.しかし,子どもを持たずに一生を送ること,引退してからの高齢期をこれまでより長く過ごすこと,高齢の親の面倒をみること,といった個人にとっての少子高齢社会での生き様をどのように受け止めていったらよいのか.将来への見通しの悪さは,不当な不安感を煽ることになるが,不透明な将来に向けてどの程度準備し,心構えがあるかは,実際にどの程度の財力・資力をもち,人的資源をもってセイフティーネットを保有しているかと密接に関連している.将来への見通しは,単なる心構えに留まらない,実際の資財力や生活力に裏づけられた階層性を伴っている.意識の問題を,階層,格差の観点からみる意味はそこにある.世の中の不平等構造をどの程度認識し,見通しの悪い少子高齢社会に向かって人々はどう心構えするかは,実は個人が今たっている場所と大きく関連している.個人,家族の地位に格差があり,階層性を伴っていると同様に,意識もまた層化している.意識を意識の問題としてのみ捉えず,実態としての社会経済構造と絡ませて人々の意識を考えていく.意識とはリアリティイを一元的かつ平面的に単純投影しているだけではない.意識をもつ個人がいて,その個人,世帯は階層性を伴う社会経済的メカニズムに組み込まれている.

6 ── 数の変化と質の変化:全体と部分

　少子高齢化で人口が減少する数の変化を受けて,競争相手の数が減少して自分にも分け前が増えるかのような期待が人々によぎった.しかし実際は,子どもの数が減り,人口が減っても,受験戦争にか

げりがみえるわけでもなく、経済の停滞を受けて失業率も上昇している。失業と最も縁が遠かった中高年も、突然解雇される危険が他人事ではなくなっている。これは妙だ。実は、不平等があるではないか。人々は突然、不平等の存在を実感する。しかし、個人の不平等感が上昇したからといって、実際の不平等が突然現れたわけではない。これは急激な変化ゆえの錯覚である部分も少なくない。

この錯覚は、実はミクロとマクロなレベルの混同にもつながる。1.29という史上最低の出生率をもって、いかに子どもを産みやすくするかが課題です、などという議論が出てくる。しかし、出生率が低下したことと、実際に子どもを持たないことが何を意味するのかについて、区別して考えなければならない。人口減少に対する警告は、個々人、家族、世帯のレベルでいかなる問題をもたらすのか。出生率が下がることと、親子の連続性が絶たれるという意味を、区別して議論するべきである。

不平等を的確に指標化することは難しい。しかしだからといって、不平等を指標化することを否定するものではない。何をもって格差とみるか、格差がどの程度変化したことをもって大きな変化とみるのか。何が格差の拡大で、何が不平等化なのか。これらに対する答えは一筋縄ではいかない。しかし、一つの確固たる答えがないことと、格差の変化についての見解が異なることとは、決して悪いことではないし、一つの見解が間違っていると単純にいえるわけでもない。なぜなら、異なる見解は見ようとする側面が異なることと関連しているからである。これは全体と部分との関係に置き換えることができる。不平等度が全体としてのマクロなレベルで変化がないことが、局所的な不平等度に変化がないことを必ずしも意味するわけではない（石田 2002）。玄田（2002）は若年世代と自営業者が、それぞれ引退世代や雇用者と比べて相対的に不利な立場になってい

ることを示す．ここでは，若年層，自営層という局所的な部分での経済的状況の相対的沈下が注目されている．少子高齢化というマクロな人口変動が社会経済的な格差構造とどのような関係を持っているのか．マクロなレベルの全体的な変化と部分的かつ局所的な変化は区別して議論されなければならない．

　本書では，見えにくくて，はっきりわからない，少子高齢社会にひそむ格差について，正面から向き合うことをめざす．これから必ず来るかわからない少子高齢社会を，正面からしっかり考えてみようではないか．過激な言葉にひそむ不当に単純化された世の中のマップを今一度見直してみよう．これが，本書を執筆するにあたって確認しあったわれわれ筆者の姿勢である．簡単かつ短絡的に格差や不平等を語ることが多い今だからこそ，格差や不平等の問題に正面からまじめに取り組みたい．

7 ── 本書の構成

　第1章は，1990年代以降活発化した不平等化論を「爆発する不平等感」と捉え，人口，家族の変容を意味する少子高齢化と資源配分の仕組みの変容を意味する不平等化との関係を明快に解き明かしていく．少子化をミクロなレベルで親子の連続性の欠如と捉えて，人々の爆発した不平等感の裏にあるメカニズムを解明する．子どもを持たないことは，限られた本人の一生の中での採算あわせを余儀なくし，人々の不平等に対する意識を鋭敏にする．佐藤は，そのような人々の直感の背後にあるメカニズムを説き明かしていく．

　第2章は，量的変化を代表する少子高齢化の中身を，世帯構造とジェンダー構造と絡ませて探る．量的な変化は個人を単位にしてのみ実現しているわけでない．人々の基本的な生活の場としての世帯に着目し，その世帯構造の変化を経済的不平等の視点から議論する．

1980年代半ばから所得格差は拡大した．それと同時に単独世帯が増え，子どものいない夫婦のみ世帯が増えて，親一人世帯も増加した．これまで標準とされてきた世帯タイプが減少したことと，経済的不平等は密接に関連している．少子高齢化の中で人々の生き様が変化したことの意味を，経済格差の観点から議論する．

少子化は結婚しない若者の増加がその主たる原因の一つである．若者は結婚しようとしないし，定職に就こうともしない．それはフリーターやニートによって代表され，若者論が盛んに議論される．そのような中，あえて中年の無業者に焦点を当てたのが第3章の「中年齢無業者から見た格差問題」である．少子高齢化を数の変化に代表させ，多数派の平均的な変化を人口動態と捉えるが，少数派の変化も決して見落とすことができない．いまのフリーターやニートの若者も10年，20年たつと中年になる．人生の早い時期に特定のスキルを蓄積することなく，労働市場との安定した関係を持たないことはその後の労働市場における立場を一層不利にする可能性を高くする．1990年代以降の中年無業者をみると，求職活動もせず，仕事に就くことを希望しないものも少なくない．これまで見えてこなかった格差の一端が，玄田によって明らかにされる．

第4章では高齢化を義務教育の供給側から捉え，機会の平等を確保することを前提とした義務教育の中で，確実に進行している格差の拡大を明らかにする．教員の高齢化は量的な変化の一つである．しかし，高齢化は全国一律に実現しているわけではなく，地域によって差がある．その差が地域の財政力の差と絡んで，全国一律に平等な義務教育の提供を危うくさせる．平等理念を全面的に盛り込んだわが国の義務教育の中で不平等が着実に進行しており，そのことがこれまで保障されてきた機会の平等を揺るがして人々に不平等を視覚化させる，と苅谷は訴える．

1961年の国民皆保険が成立して以来，人々の経済力に関わらず医療へのアクセスが平等であることが制度上保障されてきた．貧しいから医療を受けることができず早死にする，などということがないよう日本の医療制度は設計されてきた．健康と社会経済的地位の相関を考えること自体，一種のタブーといった雰囲気があった．本当に，健康であるということはなんら階層性を伴わないことなのか．高齢化は日本の医療費の高騰にもっとも大きく寄与している．しかしそれは人々が65歳に達すると一様に病気になりやすいことを意味するのか．これらの問いに答えるべく，石田は第5章で健康の問題を階層論の枠組みから取り組む．

子どもは親を選べない．豊かな親をもち，莫大な遺産を継承したものは何ら苦労なくその後の人生を豊かに暮らしていく．自らの選択を超えたスタートラインの違いについて，緻密な計量分析を試みたのが第6章である．松浦は，親から子への遺産というミクロな世代継承と，賦課方式を基礎とする公的年金というマクロな世代移転，そして子どもを産み育てるというミクロな親子の連続性の仕組みを明らかにすることを試みる．ここでは，親から子への無条件な連続性の打破が，世代間の不平等を縮小させる上に重要であることが説かれる．

少子高齢化は，現役世代の相対的な縮小と引退高齢世代の相対的な拡大をもって世代間アンバランスをもたらす．これは社会保障財源を圧迫することにつながり，現役世代への過重な負担は日本経済の活力をも低下させる．その結果，巷では小さな政府が志向される．小さな政府のもと，疾病や失業，加齢といった様々な社会的リスクは自己責任のもとで対処することが一層期待される．第7章では，公的年金の制度設計に着目して最近の個人勘定化の動きを検討する．子どもを産み，育てること，仕事を失うこと，年をとること，病気

になること,などすべてを個人の責任に帰結させることはできない.宮里は,個人勘定化を意味する確定拠出型年金への早急な移転は決して人々の厚生に貢献するものではないことを示す.

第8章では各章の知見を踏まえて,少子高齢化の明らかな変化中で,新たに不平等構造として見えてきたものは何かについて議論する.本書が目指すところは,極端な議論が横行する中,実はわからないことが多い少子高齢社会の不平等構造を探ることにある.ここでは,ミクロなレベルの少子化の意味,単独世帯,中年無業者,義務教育,健康,資産,公的制度と自己責任の問題など,これまでわが国の不平等研究では十分議論されてこなかった側面に着目する.急速に変わる世の中で,先の見えない将来を前に,何が変わり,何が変わっていないのか.変化の中にひそむ不平等とは何なのか.これらの問いに対する見解を終章で提示する.

【文献】

玄田有史, 2002,「見過ごされた所得格差―若年世代 vs. 引退世代, 自営業 vs. 雇用者―」『季刊社会保障研究』第38巻第3号:199-211.

猪木武徳, 2003,「なぜ所得格差が問題か ―今後のリサーチの方向についての試論」樋口美雄+財務省財務総合政策研究所編著『日本の所得格差と社会階層』日本評論社:245-263.

石田浩, 2000,「産業社会の中の日本」原純輔編『日本の階層システム1 近代化と社会階層』東京大学出版会:219-248.

石田浩, 2002,「社会移動からみた格差の実態」宮島洋+連合総合生活開発研究所編著『日本の所得分配と格差』東洋経済新報社:65-98.

石田浩, 2003,「社会階層と階層意識の国際比較」樋口美雄+財務省財務総合政策研究所編著『日本の所得格差と社会階層』日本評論社:105-126.

苅谷剛彦, 2001,『階層化日本と教育危機―不平等再生産から意欲格差社会へ』有信堂高文社.

松浦克己, 2002,「日本における分配問題の概観」宮島洋+連合総合生活開発研究所編著『日本の所得分配と格差』東洋経済新報社:25-48.

大竹文雄, 1994,「1980年代の所得・資産分配」『季刊理論経済学』第45巻第5号:385-402.

佐藤俊樹, 2000,『不平等社会日本 さよなら総中流』中公新書.

佐藤俊樹，2005，「若年層と「目に見える」格差」『経済セミナー』8月号：28-31.
盛山和夫，2003，「階層再生産の神話」樋口美雄＋財務省財務総合政策研究所編著『日本の所得格差と社会階層』日本評論社：85-103.
1995年SSM調査研究会，1997，「1995年SSM調査　基礎集計表」.
白波瀬佐和子，2005，『少子高齢社会のみえない格差　ジェンダー・世代・階層のゆくえ』東京大学出版会.
橘木俊詔，1998，『日本の経済格差』岩波書店.
海野道郎，2000，「豊かさの追求から公平社会の希求へ　階層意識の構造と変容」海野道郎編『日本の階層システム2　公平感と政治意識』東京大学出版会：3-36.

1 | 爆発する不平等感
戦後型社会の転換と「平等化」戦略

佐藤俊樹

1 ──「不平等化」の中身

 つい忘れてしまいがちになるが,社会というものは本来,時間のなかに息づいている.その変化もまたそうである.

 私たちは社会の変容を「事件」という形で見出しやすい.身近な例をあげると,20歳前後の学生と話すと,よく「最近の子どもはわかりません」「自分が卒業した頃とその後で中学生は全くかわった」というセリフをきかされる.

 面白いことに,このセリフ自体はほとんど変わっていない.私の経験でもここ20年ぐらい,つまり私自身が20歳だった頃から現在まで,ずっといわれつづけている.

 だから,本当は何も変わっていない,わけではない.実際には「子ども」も「中学生」も変化してきているのだろう.ただ,その変化を私たちは特定の時点,例えば自分の中学校卒業(義務教育終了時点)とリンクさせて発見しやすい.変容を「事件」としてとらえやすい,もっといえば「事件」として語られることで,その変容が人々にもはっきり見えてくる.そんな癖というか,しくみを私たちはもっている.

 この本の主題である「不平等化」もその一つである.

 1990年代の終わり頃から,日本社会の不平等化がさかんにいわれるようになった.最初に断っておくが,「不平等化」と「中学生

が変わった」は同じではない．「中学生が変わった」は20年以上，おそらく数十年間の長きにわたって，ずっといわれつづけている．それに対して，「不平等化」はせいぜい10年ぐらいしかない．それ以前はむしろ「日本社会は平等」という意見の方が多かった．

このことは「不平等化」が特定の時点性をもつことを示唆している（もちろん「中学生が変わった」にもそんな変化がふくまれる可能性はある）．けれども，それを一時点の急激な変化，大転換のようなものと見るのは単純すぎる．社会には慣性とでもいうべき力があって，根底から変わるのには時間がかかる．あるいは，世代間職業継承性のように，その性質上，数十年ぐらいの時間幅（親と子の年齢差）でしか測りえない変化もある．

「不平等化」とよばれる事態はこの種の変化とも深く関連している．そこにはいくつかの時間幅の変化，数十年単位の中期的な変化や10年程度の短期的な変化，そして数年間で進む時点的な変化が重なっている．それらが組み合わさって，一つの巨大な変容として映るようになったと考えた方がよい．

2 ──「不平等感の爆発」という事件

そういう意味でいえば，90年代終わりからの不平等化は「不平等感の爆発 explosion of inequality-consciousness」（こんな英語があるかどうかは知らないが（笑））といった方が正確だろう．

これは「不平等化」が人々の思い込みでしかない，という意味ではない．いやそもそも人々の感じ方考え方込みで社会はできているのであって，たとえ「思い込み」だけでも大きな変化である．もし実態なしに「思い込み」だけが生じたとすれば，人々の強烈な不信感を買う何かをやってしまったのであり，きわめて拙劣な政策的失敗として，それ自体非難されるべきだろう．

感じ方は実態を忠実に反映するわけではない．所得格差や世代間職業継承性の動向をめぐる論争でわかるように，統計的なデータで測れる「実態」の上では，たとえ変化があったとしても，それは争われる程度のもの，つまり誰が見ても「変わった」といえるものではない．それに対して，感じ方の上ではそれこそ「誰が見ても変わった」かのように語られている．

　そういう感じ方も，統計データと直接関係するにせよしないにせよ，何らかの実態に対応しているのではないか．そういう複合体complex を示す言葉として，ここでは「不平等感の爆発」を使っている．

　今のところ，これは三種類の変化が組み合わさって起きたのではないかと私は考えている．

a) 数十年単位の中期的変化：戦後型社会のしくみの消失
b) 10 年単位の短期的変化：バブル崩壊後の不況とグローバル化にともなう経済や雇用のしくみの転換
c) 政策的な「失敗」：不平等への不安や不信を結果的に増大させる政策の採用

　b) については，すでにいくつかの研究があり，この本のなかでも第 3 章や第 6 章でふれられている．

　c) についてはやはり各章で論じられているし，ここでもまた後でふれるが，簡単にいうと，a) および b) の変化によって不平等，とりわけ機会の不平等に対する敏感さが潜在的に醸成されつつあった．にもかかわらず，あるいは，だからこそ，なのかもしれないが，その敏感さを逆撫でする方向に政策の舵を切った．

　具体的にいうと，人々が機会の不平等に敏感になりつつある状況

で，経済運営や税制，教育政策などの，いろいろな分野で機会の不平等を無視したり，その存在を否定するような政策を採用した．もともと人々が敏感 conscious になっているのに，政策の方は逆にそれに鈍感 inconscious な方向へ変化した．その分，人々はいっそう敏感にならざるをえず，それが不平等感 inequality-consciousness を爆発的に増大させた．

政策の採用は特定の日付，つまり時点性をもつ．そういう「事件」が不平等感の爆発の最後の引き金になった．それゆえ，不平等化も「事件」として受け取られた．つまり，a) b) のような，ある程度長い時間幅の変化と深く関連しているにもかかわらず，より時点性の強い「転換」としてとらえられたのではなかろうか．

いうまでもなく，これは一つの仮説である．どれだけ妥当なのかは，今後の検証をまちたい．ただこの仮説が部分的にせよあたっているとすれば，不平等化には，相互に関連しているが，種類のちがういくつかの変化が関わっている．したがって，それへの対応も（対応しないという対応までもふくめて）複数の対策の組み合わせという形をとらざるをえない．「不平等化」は唯一つの原因で起きたわけではなく，それゆえそれを最終解決する唯一つの特効薬も存在しない．数年単位の政策の展開だけでなく，数十年におよぶ粘り強いモニタリングと社会全体のしくみでの対応を必要とする．

3 ── もう一つの事象：「不平等感の消失」

b) c) については他の章で正面から論じられるので，ここでは a) について考えてみたい．

大きくいえば，b) は経済のしくみに，a) は社会のしくみに関わる．もちろん，経済と社会は経済学と社会学のようにすみ分けられるのではなく，互いに深くからまりあっているが，とりあえず「不

平等化」については大きくそのように分けてみた方がよい．実態が関連しあっているからこそ，一次近似としては，まず分けた方がよい．

　a) にもいくつかの面がある．例えば，長期的な変化はそれ自体で実態以上の不平等感をつくり出すことがある．私はこれを「下り坂の錯覚」と呼んでいる（佐藤　2003）．長期的に不平等が改善されつづけてきたあとで，改善されなくなると，それだけで不平等度が上昇に転じたように感じられる．機会の不平等は近代社会の原理上「あるべきでない」ものなので，そういう錯覚が特に生じやすい．

　これは長期的な変化の長期性そのもの，いわばどう変化したかがつくり出す効果であるが，社会のしくみの変化の中身，何が変化したのかも大きな意味がある．「下り坂の錯覚」もこの中身の変容と重なりあって，人々の感じ方を左右していると考えられる．

　中身の方から見た場合，不平等化にはもう一つ興味ぶかい事実が発見できる．先ほど述べたように，90年代終わりから日本では不平等感の爆発が起こった．つまり実態以上に強烈に「不平等化」が感じられるようになったが，それ以前は「平等社会である」という感じ方が強かった．

　実はここにも実態と感じ方のずれが見出される．石田浩や盛山和夫らがすでに指摘しているように，「平等社会」といわれていた時期でも，世代間職業継承性でみれば，日本社会はイギリス（グレート・ブリテン）やドイツ（西ドイツ）に比べて，特に平等であったわけではない．つまり，この時期には，実態以上に強く「平等」だと感じられていた．「不平等感の消失 dismissal of inequality-consciousness」が起きていたのである．

　なぜそんなことが起きたのか？　社会学的にいえば，これは最近の不平等感の爆発と同じくらい重要な謎である．「不平等感の消失」

は言説の上では,「総中流」がいわれはじめた70年代はじめから確認できる.社会階層と社会移動全国調査（SSM調査）のデータでも1975年の階層帰属意識に特徴的な,吉川徹のいう「浮遊する階層意識」という形で現われている.大まかにいえば,ほぼ30年間近く「消失」していたことになる.

だとすれば,戦後の日本がつくりあげた社会には,そういうしくみがそなわっていた.いわば機会の不平等をより軽く感じさせるしくみをもつ社会だったのではなかろうか.

農村から都市への人口流入,第二次産業（のブルーカラー労働者）を基軸とした経済のしくみなどとならんで,そこには戦後型の家族の成立と変化が深く関わっていた,と私は考えている.戦後型家族は不平等感を消失させるしくみとして働き,その戦後型家族が解体しはじめることで不平等感は消失しなくなった.そこにも人口移動や経済構造の変化がさまざまにからんでいるはずだが,家族という,人間の再生産に直接関わるしくみも不平等化の重要な要因であったのではなかろうか.もともと機会の不平等は家族と切っても切れない関係にあり,それゆえ家族の変化に影響されやすい.

その点で,90年代後半から注目されてきた二つの巨大な変化,「少子高齢化」と通称される家族―人口のしくみの変容と,「不平等化」として注目された資源獲得―配分のしくみの変容はつながっている.

4 ───「機会の平等」を脅かす家族

家族と機会の不平等のつながりは,日本の戦後だけに見られるものではない.貴族制や世襲をみればわかるように,少なくとも文字で書かれた歴史と同じくらい古いが,近代社会の成立とともに,二つのつながりは特別な意味をもつようになった.

近代社会は「機会の平等」を社会の原理として掲げる．正確にいえば，「機会の平等」原理にあたるものを掲げる社会が近代社会に見えるわけだが（佐藤　1995；2001），家族はその「機会の平等」原理をさまたげる要因になってしまう．

それを最も早く，ぬきさしならない形で経験したのは，17世紀，現在のアメリカ合衆国ニューイングランド地方に植民したピューリタン（プロテスタント）たちであった．ピューリタンたちは聴罪による赦しや免罪符を否定し，個人は厳密にその当人がなしたことの善悪で神から審判を受けるとした．いわば究極の自己責任論を展開したわけだが，そこで問題になったのが，親の子どもに対するしつけや教育であった．もし親の影響で子どもが善くなったり悪くなったりするとすれば，個人の善悪を個人単位で裁くことはできなくなる．親の教育が悪くて子どもが悪の道に走ったとすれば，それは子ども本人だけの責任ではないからだ．

もちろん教理の上ではその影響を否定できるが，そうなると家族制度（家族という「親密圏」）を維持する理由もなくなる．植民地全体で子どもを育てる施設をつくればよい．それを分社化したのが家族だと考えることもできるが，少なくともそこに特別な関係性を認める必要はない．

記録は残っていないが，プロテスタンティズムの運動を最も純粋な形で展開した人々，16-17世紀の再洗礼派や「反律法主義者 antinomian」と呼ばれた人々の一部は，実際に家族を解体したのではなかろうか．ニューイングランドのピューリタンにもその傾向は見られるが，より保守的だった彼らは家族制度の否定にはふみきれなかった．それゆえ，善悪の自己責任原則と家族制度の間で矛盾をかかえつづけた．

親の善行・悪行には子どものふるまいもふくまれるという解決策

が唱えられたこともある．子どもの素行も親の善悪の一部であり，だから親は子どもを教育する権利と義務があるとしたわけだが，すぐに破綻が指摘された．これは親においては自己責任原則と家族制度を両立可能にするが，子どもにおいては自己責任原則を完全に否定する．そのくらいいわれなくても気づきそうなものだが，そんな苦し紛れでもいわざるをえない状況であったのだろう．

ちなみに，ピューリタンたちの後裔である現在のアメリカ合衆国も，もちろんこれを解決できてはいない．アメリカ合衆国の「解決」は上の苦し紛れよりはるかに救いがたいもので，たんにこの矛盾を見ないことにしている．ピューリタンは，自己責任原則と家族が矛盾することを見ずにはおれなかった．そのくらいには原理主義者であったが，今のアメリカ合衆国にいるのは，その矛盾から目をそらしつつ，「家族も自己責任も神が定めたもうた」という自称「原理主義者」たちである．笑える，というか笑うしかないが，それだけ深刻な問題だともいえよう．

家族という制度はそのメンバー間の，例えば親と子の人格的な連続性を要請する．それは自己責任原則をやぶり，「機会の平等」原理を脅かすのである．

5 ── 「機会の不平等」を消失させる家族

しかし，本当に重要なのはそこではない．家族は「機会の平等」原理をうまく実現する手段にもなりうる．

家族は「機会の平等」原理を外から脅かすが，この原理にはもう一つきわめて厄介な問題が内在する．機会の不平等をうまく測定できないのだ．機会という概念には不確定さがふくまれているため，現時点での職業や収入が将来どのような帰結をもたらすかも不確定だと考えざるをえない．

したがって，その不平等を確実に測るためには，当人が"ゲーム"を全て終えるまで，つまり当人（および同世代の人間たち全て）が死ぬまで待たなければならない．ところが，そうなると今度は，たとえ何らかの不平等が見つかったとしても，是正ができない．当人がすでに死んでいるからである．

　機会の不平等を正確に測るためには，取り分が確定されるまで（＝死ぬかあるいは他の要因で保有資源が変更不可能になるまで）待つ必要がある．だがその時点では確定されているがゆえに，その不平等を是正できない．そういう逆説（パラドクス）をこの原理はかかえている．

　逆にいえば，もし不平等を是正しようと思えば，不確定な状態で介入しなければならない．わかりやすくいうと，「不平等だろう」という見積もりの上で政策を展開せざるをえないが，見積もりは不確定なものであり，不正義の疑惑をまぬかれない．それゆえ，不平等が重要であればあるほど，いいかえれば各人の人生の可能性を左右するものであればあるほど，是正処置は大きな反対をうける．それが新たに実施されることで不利益をこうむる人々からみれば，不確かな根拠で重要なものをうばわれることになるからだ．

　機会の平等の主張にはいつもあやうさがつきまとうが，その理由の一つはここにある．この原理によって現状の是正を要求することは，本来測りえないものをあたかも測れるかのように主張することになりやすい．およそ社会に介入する営みはすべて不確実さをともなうが，機会の不平等の是正の場合，各人各人の生に深く関わってくるので，それだけ大きな挙証責任を負う．公共事業や環境政策とちがって，「よくわからないが大体この辺だろう」と曖昧に妥協するのもむずかしい．確実な根拠を要求されるし，それに応じるには，あたかも確実にわかっているようなふりをしなければならない[1]．自己責任をおしつける側だけでなく，不平等の是正を求める側も，

測りえないものを測っているかのような強引さをおびるのである(佐藤　2005).

　ピューリタンにおいては，不平等の確定と是正という問題は発生しなかった．完全な観察者兼記録者である神が「この世」での本人の行いの善悪を「あの世」で評価してくれるからだ．現実の社会はそうはいかない．「この世」での本人の評価は「この世」でなされなければならない．それが深刻な矛盾を引き起こす.

　けれども，もし本人と人格的に連続する誰か，いわば本人の代理となる"準本人"がいれば，本人に発生した不公平を"準本人"の上で相殺できる．実際に相殺できるというよりも，相殺できる可能性が出現するといった方がいいが，制度の論理としてはかなり整合性がとれる．

　個人を基本単位とする近代社会では，"準本人"という考え方は一般には認められないが，例外となりうるものがある．家族のメンバー，とりわけ親と子どもの間に設定される連続性である．それがあの逆説を解決する妥協策になりうる．

6 ── 親と子の連続性がつくる公平さ

　一見乱暴に思えるが，よく考えると，これはかなり現実的な解でもある．

　第一に，本人の上で是正しなくてもいいので，資源配分がかなり確定した状態で不平等を測ることができる．是正処置で不利益をこうむる側にとっても，その方が受け入れやすい．第二に，本人の上での是正でなくても，代理となる"準本人"の上で是正するのであれば，代替処置として正当性をもつ．つまり"準本人"がいれば，

1）　だから「文化資本」という呼び方には，これがモノのように計測可能だという信憑が含まれているのだろう．

不平等を確定的な形で測りつつ，有意義な是正処置をとれるのである．

　親と子でいえば，本人がこうむった機会の不平等の是正を本人の子どもの上でおこなえば，不平等度を確定的に測りつつ，それを本人（の代理）の上で是正できる．是正といっても，現実には一人一人のレベルで補償するのではなく，地位達成のゲーム全体で，不平等の要因になるものを減らして，より平等なゲームにしていくことになるが，これは「機会の平等」原理の不確定性ともうまく合致する．不平等の量を具体的に測定するとなると，たとえ本人が死んだ後でも，関係する全要因を網羅的に調べられるわけではないので，不確定な部分が残る．それがどの程度影響しているのか，水掛け論をやるよりは，新たなゲームの上で既知の不平等要因を失くす方が合理的だといえる．

　実際，どれだけ意識されていたかはともかく，機会の平等を求める議論は従来から不思議なくらい未来志向的であった．例えば，過去世代の機会の不平等を明らかにして，それで現在の学校制度を論じる．論じることがまちがっているわけではないが，厳密に本人の上で是正を考えるのであれば，本人はすでに学校を出ているのだから，学校制度を今いじる根拠は弱い．それよりも所得の再配分など，本人に関わる是正処置がもっと前面にでてきてもいいはずだが，その議論はあまりされず，もっぱら学校制度をどうするかが熱心に論じられた．

　学校だけではない．機会の不平等の話はデータの上では過去から現在までしか議論できないのに，いつのまにか現在から未来の話になっていく．それはもちろん既に起きた事態を今さら修正しがたいからでもあるが，その事態を現在から未来にかけて補償できるという暗黙の了解がなければ，現在から未来への話に転化することもな

いだろう.

　戦後の日本でよく使われた言い方にそっていえば,「自分」すなわち本人が子どものときは親が貧しかったとか, 兄弟が多かったといった理由で, 進学を断念したり, 不本意な就職をしなければならなかった. けれども, 将来は自分の実力をもっと発揮できる機会が開けるだろうし, 自分の子どもであれば, いっそう広い機会にめぐまれるだろう. ——そう考えることで, あたかも本人がこうむった不平等も補償されるかのように思える. "準本人"としての子どもを通じて, より平等になったゲームに再挑戦できるかのように思える.

7 ──「空白」の代理とジェンダー

　もう少し詳しくみると, ここにはジェンダーのちがいもからんでくる. 親の男性／女性, 子どもの男性／女性で, 同じ"準本人"でも代理の性格がちがう.

　親のうち, 父親にとっての"準本人"は男の子であり, それが適えられない場合に, 女の子にその代わりを求めた. それに対して, 母親は男の子と女の子に別々の"準本人"を求めた. 戦後型核家族では, 母親は自らの父親の職業や学歴だけでなく, ジェンダーによっても機会の不平等にぶつかる. それゆえ母親は「本来ならば得られたはず」の社会的地位の, その代理達成を男の子に求める. そこまでは父親と同じだが, その一方で母親はそういう代理達成を求める自己の現状の追認を女の子に求める.

　つまり, "準本人"としての子どもがいかなる意味で親を代理するのかがジェンダーによって二重化されていた. 男の子は父親・母親双方にとって, 将来の, より機会が平等なはずの地位達成ゲームでの代理人であった. それに対して, 女の子は父親にとっては, 男

の子がいないか十分に期待できない場合に，男の子の代わりとなったが，母親にとっては，将来のゲームでの代理人であるだけでなく，現在の母親のあり方を受け継ぐことで，母親の現在を肯定してくれうる存在でもあった．女の子は，母親という二重に排除された存在を，脱け出すこととあらためて選びとることとを同時に期待されていた（佐藤　2003）．

　その点でいえば，父親 – 本人男性という世代間移動の測定法は，男性だけでなく，家族単位での世代間移動を計測していたとも考えられる．だとすれば，主婦という地位が測定不可能な外部となったのも必然的ななりゆきである．既婚女性の階層帰属意識が配偶者の収入や学歴に左右されることはよく知られているが（例えば白波瀬 2005，第 2 章），子どもを教育する主婦は，収入や職業が測定できないだけでなく，もっと根底的に「空白」だったのではないか．その地位は何か別の代理によって書き込まれると了解されていたのではなかろうか．同時的には男性配偶者の地位，事後的には子ども（主に男の子）が獲得した地位などによって．

　"準本人" の論理が階層論にもたらしたのは，既婚女性の「空白」だけではない．例えば世代間移動の「出発点 origin」にはふつう親の職業的地位が使われる．それによって，親の職業が子どもの職業にどう継承されるかという世代間移動が測られる．すでにいくつか指摘があるように，この「世代間 intergenerational 移動」は正確には「世代間」ではない．本人の世代内移動の一種で，就業前の地位から就業後の地位への移動を測ったものだと考えるべきである[2]．つまり，本人の就業前の地位として，親の職業的地位が用いられて

---

[2] したがって，機会の不平等をみるためには，「出発点」である親の職業的地位と「帰結」である子どもの職業的地位のカテゴリーが同数である必要もない．

いる[3]．

　親と子の連続性という論理は，政策面だけでなく，階層研究や社会移動研究という社会科学の内部にもしばしば顔を出す．社会科学が近代社会の内部観察である以上，あたりまえであるが．

8 ── 戦後型の平等社会

　機会の不平等は，このような形で家族や出産・子育てと密接に結びついていた．

　歴史的にみても，日本で「中産階級」「労働者階級」が出現するのは1920年以降とされる．それ以前には都市下層を中心に，子どもをつくれない家族がかなりいた（→図1参照）．つまり親と子の連続性が問題になること自体が「基礎的平等化」（原・盛山　1999）の結果なのだが，この1920年代は家族の転換点でもあった．

　人口統計上でみると，1925-34年に結婚した夫婦（結婚コーホート）から子ども数が劇的に低下する．1915-24年結婚コーホートでは5.2人，それが25-34年結婚コーホートで4.6人，35-44年では3.2人になる（斎藤　1996，より）．「少なく生んでしっかり育てる」，「教育する家族」の誕生である．

　それが戦後になると，うすく広く拡大していく．子どもを「いい学校」に入れて「いい会社」に入れるよう，親が働く．そういう「中産階級」的な家族，いわば勤勉な（＝「勤めに勉める」）親と勤勉な（＝「勉強に勤しむ」）子という組み合わせが，事実上の標準 de facto standard となっていった．

　これを支えたのが，戦後ずっとつづいた格差の「下り坂」＝縮小

3）　だから親の地位は本人の就業前地位として少し強すぎる．本人の就業前地位というのはたぶんもっとぼんやりしたもので，それをしかたなく親の地位で代替していると考えるべきだろう．

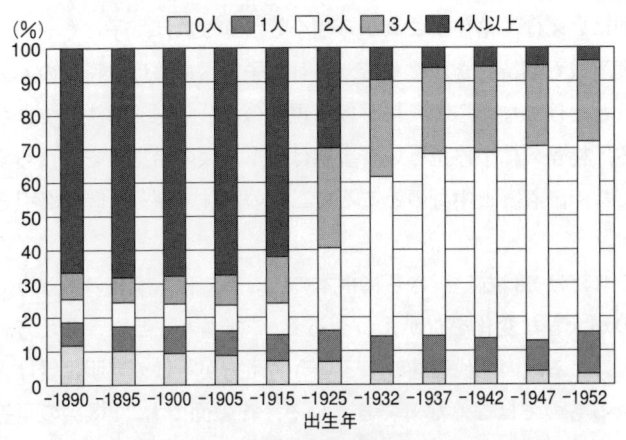

図1 既婚女性の完結出生児数

傾向である.「機会」という名の資源獲得－配分ゲームはこれまで次第に平等になってきた. だからこれからももっと平等になっていくだろう, と信じることができた. 自分よりも自分の子どもたちはより平等なゲームで, 本来の実力通りに正しく評価してもらえるだろう, と思い込むことができた.

当事者だけでなく, 社会科学の内部にもその影響は見られる. 社会学の階層論は趨勢命題, つまりこれからどうなるかに異常に強い関心をよせてきた. 先に述べたように, 本人の上での不公平の是正を本当に問題にするのであれば, 今後どうなるかという現在－未来の話は二の次である. 本人が今さら改めて学校に通い, 学歴を書きかえる可能性はほとんどないからだ.

にもかかわらず, 現在－未来の話に移りがちなのは, 予測と検証という社会科学的関心からだけでなく, これが政策上も, つまり日本社会の構成員にとって切実な問題だったからではないだろうか. 今後どうなるかは本人には直接関係ないが, "準本人"である子どもにとっては一番重要なことである.

逆にいえば，格差がこれから縮小しなくなれば，子どもを通じた代理達成も期待できなくなる．それは子どもにおける将来の不公平をうむだけでなく，本人における現在の不公平も「解決」できなくする．格差の縮小停止という事態は「下り坂の錯覚」をもたらすだけでなく，もっと中身のところで二重の意味で深刻な問題を引き起こす．

それだけではない．さらに根本のところでは，家族のあり方そのものが大きな変化をむかえつつある．"準本人"という考え方，子どもによる親の「代理達成」という考え方がもはや自明に受け入れられるものではなくなってきている．その面でも，「機会の平等」原理は重大な困難にぶつかりつつある．

9 ── 戦後型家族の喪失

「代理としての子ども」という考え方がくずれている，正確にいえばあてはめにくくなっているのは，いくつかのデータからも裏付けられる．

その最もわかりやすい指標はいうまでもなく少子化，つまり子どもの数の減少である．子どもが本人の代理であるならば，一番自然な出生行動は全員が結婚して子どもを二人，それもできれば男女一人ずつもつことである．男女の産み分けは技術的にむずかしいが，子どもの数はかなり意図的にコントロールできる．

日本はもともと有配偶率が高いが，誕生年が1900年より前の世代（出生コーホート）では，既婚女性の10%近くが子ども数0人，すなわち子どもをもっていない．それが1926-32年出生コーホート，つまり戦後に家族をつくった世代から，子ども数0人が4%弱に低下し，子ども数2人がほぼ半数を占めるようになる．子どもの数を決める要因はいくつもあるが，家族形態上は代理達成に適合的な姿

になってきた（図1,『人口の動向　日本と世界　人口統計資料2000』表 4-27 より).

　最近は子ども数に大きな変化はないが，有配偶率が低下し，子どもをもたない人間が 30-40 代にふえてきている.

　さらに，子どもをもった場合でも，それを「代理」と見なくなっている．例えば，統計数理研究所の国民性調査の「男女の生まれ変わり」では，もう一度生まれ変わったら「男に」が男性では 1983 年の第 7 回調査で，男性で 60% を切り，女性では 40% を切った．1958 年の第 2 回調査で初めて質問した時は女性で 64% だったのが，1998 年の第 10 回調査では 28% にまで落ちている（「統計的日本人研究の半世紀」『統計数理』48 (1) p. 83）.

　NHK 放送文化研究所の「日本人の意識」調査でも,「子どもが生まれても，職業をもち続けたほうがよい」が 73 年調査では 20% だったのが 03 年調査では 49% へ，女の子の教育は「大学まで」が 73 年調査 22% から 03 年調査 48% へと，2 倍以上にふえている．それに対して，男の子の教育は「大学まで」が 73 年調査 64% → 88 年調査 72% → 03 年調査 68% とほぼ横ばい.「大学院まで」も微増であり，子どもに期待する学歴全般が上昇しているわけではない．具体的な差別を残しながらも，子どもの地位達成期待でのジェンダー差は縮小している.

　さらに，93 年調査から加わった「子どもをもつのは当然か」をみると，93 年から 03 年の間で「結婚しても，必ずしももたなくてよい」が 40% から 50% へ,「もつのが当たり前だ」が 54% から 44% へとかわり，多数派が逆転している.

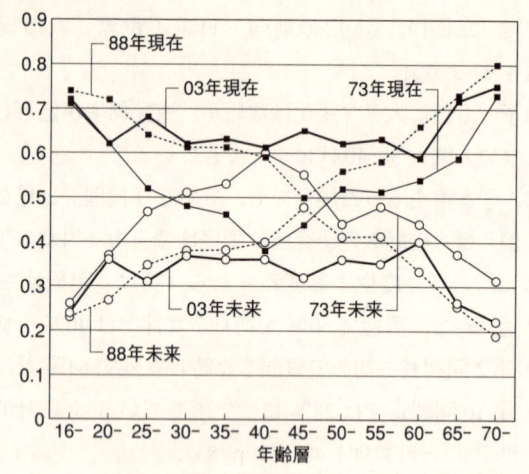

図2 生活目標の未来中心／現在中心（NHK放送文化研究所の調査データより作成）

10 ──── 未来志向の消滅

「日本人の意識」調査でもう一つ注目されるのは，生活目標での未来志向の衰退である．これは生活目標としてあげた4つの回答選択肢のうち，「その日その日を，自由に楽しく過ごす」＋「身近な人たちと，なごやかな毎日を送る」を現在志向,「しっかりと計画をたてて，豊かな生活を築く」＋「みんなと力を合わせて，世の中をよくする」を未来志向に分類して，その比率を求めたものだが，全体として現在志向がふえ，未来志向がへっている．

年齢層別にみていくと，73年調査では30-50歳で未来志向が現在志向を上回っている．10-20代の，期待余命がより長く，その分未来の社会の正しさや生活の豊かさに関心をもちそうな年齢層ではなく，子育て期の年齢層の方で未来志向がより強くなる．

それが03年調査では，全年齢層で未来志向が現在志向を下回っ

ている.その上,20歳から65歳までの間で現在志向・未来志向の数値にほとんど差がない.ライフサイクルにあわせて未来志向を強めたり弱めたりしなくなっているのである(図2,『現代日本人の意識構造［第二版］～［第六版］』より).

"準本人"による代理達成という論理は,過去での不平等を未来のより平等なゲームで埋めあわせようとする.だから,未来志向的な態度を必ずともなう.事実,70年代の調査では子育て期の年齢層に未来志向が強く見られたのに対して,00年代では年齢に関係なく未来志向が弱まっている.もちろんこれは,70年代に「子どもによる代理」という考え方があった直接的な証拠にはならないが,00年代にはこの考え方は成り立たなくなっているとはいえる.

過去の調査をみると,1988年にすべての年齢層で現在志向が未来志向を上回るようになるが,この時点では40歳代で未来志向が最も強まり,現在志向が最も弱まるという傾向は維持されている.98年調査をみると20歳から65歳まではほぼフラットになっているので(『現代日本人の意識構造［第五版］』p. 194),90年代に変化が生じたようだ.

11 ——「不平等感」が物語ること

この章の最初で述べたように,機会の不平等は測定の不確定さをかかえているにもかかわらず,是正する際には一人一人の人間にとって切実な利害に介入せざるをえない.それゆえ,機会の不平等を解消するのは一般的にむずかしいが,とりわけ家族がからむ世代間要因での不平等はきわめて厄介な問題となる.不平等要因が本人に帰責できないものだと了解されながら,家族制度がメンバー間の人格的連続性を暗黙のうちにせよ認めている以上,親が子どもに影響を及ぼすのも遮断できない.

それは根源的には機会の不平等をこえて，近代社会において家族がうまく位置づけられない，すなわち近代社会の原理から家族を論理的に導出できないことによる．近代社会には家族を正当化する積極的な論理がない，それゆえ，家族が自己責任原則という原理と真っ向から衝突しても，その間を調停する論理も組めない．

そのなかで，子どもという"準本人"の上での是正は，かなり有効な「解決」，というか解消策だといえる．これは親と子の連続性を逆手にとって，過去の確定された不平等を未来において是正する．不確定性という困難(アポリア)と家族（親と子の連続性）という困難(アポリア)を結びつけることで，まるで魔法のように消失 dismiss させる．

もちろん戦後の日本社会において，その有効性が当事者たちにも完全に理解されていたわけではない．その消失効果がどれくらいあったかを直接検証できるデータもない．あくまでも仮説である．けれども，戦後という時代は，格差の長期的な「下り坂」＝縮小傾向という階層論的な面でも，「教育する核家族」という家族論的な面でも，この消失効果が働きやすい環境にあったとはいえる．

それだけに，これが消失してしまうと，機会の不平等は解決しづらい，というか解消の見通しが立たない（解決可能性が見えない）問題となってしまう．いってみれば，あの17世紀ニューイングランドのピューリタンたちとよく似た状況に，今，私たちは立っているのである．1990年代後半からの不平等感の爆発には，そういう戦後型社会のしくみの変容が関わっている．

そう考えれば，現在の「不平等化」が測りうる実態以上に，巨大な転換に見えるのも自然な感覚といえよう．平等／不平等という，資源獲得のあり方だけではない．戦後型家族というもう一つの大きなしくみも，不平等感の「消失」や「爆発」に関わっている．そういう社会全体をまき込むような巨大な変化を感じているからこそ，

人々は不平等化という言葉に強烈なリアリティをもつ.

だが,その感じ方と真剣に向きあうこと,例えばそれを人々の被害者意識とかマスコミの扇動によるものとして棄却 dismiss しないことと,その感じ方を不平等の実態の反映としてそのまま肯定することとはちがう.感じ方そのものは重要な事実であり,社会の変化を肌で感じ取る当事者の的確な直感からきているが,だからこそ,政策的な対応や社会科学の研究においては,その直感がどこから来ているのか,どんな変化がどのようにからまりあってそう感じとられているのかを,できるかぎり明確に,明晰に切り分けた上で,再構成しなければならない.複雑にからまりあっているからこそ,過度に単純化することなく,的確な見取り図をつくる必要がある.

その意味でいえば「不平等感の爆発」を肯定するのも否定するのも,まちがいだと私は思う.それは社会科学にとっても政策立案にとっても,いいとか悪いとか,見下ろして判定するものではなく,挑戦すべき課題なのである.

12 ── 政策的「失敗」のからくり

大まかな見取り図を描けば,不平等化というのはそういう事態なのだと思う.

現在の日本では,子どもという"準本人"は設定できなくなりつつある.「親と人格的に連続している子どもがいる」ことを事実上の標準にはできない.その一方で,本人には必ず親がいる.つまり,生きている本人にはつねに誰かの子どもであり,その影響を受けてしまう.

それゆえ,現代の私たちは「本人がこうむった機会の不平等を本人の生存中に是正する」という課題に正面から取り組まなければならなくなっている.人々はこの課題に従来よりはるかに敏感であり,

それがどの程度解決されるかは社会の原理レベルでの信頼性に関わってくる．そこでは政策とか政府とかをさらにこえて，いわば「社会をやっている」ことそのものへの信頼が問われてくる．

その点を考えたとき，不平等感の爆発における c) の重さがあらためてうかびあがる．消失効果が効かなくなって，人々の不平等への感受性 inequality-consciousness が増大しつつあったところに，結果的にか意図的にか，むしろそれを逆撫でする政策がとられた．機会の不平等が目につきはじめてきたときに，安易な「悪平等」論や自己責任論によりかかって，機会の不平等を否定する政策を展開してしまったのである．タイミング的には，最悪とさえいえる．

その最悪さにも理由はちゃんとある．従来の消失効果が働かなくなったのに，ではない．働かなくなったからこそ，不平等なぞないふりをしたくなったのだろう．今まで通りの解決ができなくなったからこそ，問題そのものから逃げ出したくなった．たとえていえば，体質が変わって，不平等の痛みを解消する薬が効かなくなった，だから「痛みなんかないんだ」と催眠術をかけようとしたわけだ．

皮肉なことに，悪平等論や自己責任論を展開した人々が日本経済の低迷の原因と名指したのと，これは同じからくりになっている．例えば，巨額の不良債権の背後には，銀行管理による経営再建や資産の値上り待ちといった，従来の不良債権解消策が効かなくなったことがある．効かなくなったのに，いや，効かなくなったからこそ，子会社へ不良債権をとばすといった経理上の操作によって，不良債権がないふりをしてしまった．それと全く同じ経路である．

人間なんて，たかだかそんなものなのかもしれない．少なくとも私は，有限の知しかもたない人間に神のような完璧さを求める気にはなれない．だが，気づいてしまった以上，引き返すことはできない．不平等に敏感な inequality conscious な社会に変わりつつある

今は，そうであることをふまえて，機会の不平等の新たな「解決」を編み出していくしかない．

13 ─── 5つの戦略：新たな「解決」にむけて

それがどのように解決できるのか，具体的な見通しがあるわけではないが，どういう方向で考えていくべきかは，かなりはっきりしてきている．大きくいって，5つの戦略的な着目点がある．

(1)本人の生存可能性・参加可能性を確保する

不平等を本人の上で是正するためには，本人が生存しつづけ，かつ地位達成の過程に参加できる可能性が確保されなければならない．わかりやすくいえば，「子どもの将来」よりも，まずは「本人の将来」を確保する必要がある．したがって，社会保障制度の制度，とりわけ健康の維持が大事になってくる．

第5章の石田の分析によれば，幸い現在の日本にはこの点での目立った不平等は発生していないようだが，アメリカやイギリスではすでに具体的に不平等が検証されている．良い意味でも悪い意味でも「社会主義的」といわれる日本の医療や健康保険制度が今後改革されざるをえないとすれば，この面でも「アングロ・サクソン化」する可能性は十分ある．

生存可能性・参加可能性の確保は他の4つの戦略の大前提になるものである．一般に機会の不平等は「後からしかわからない」(佐藤 2000a)，つまり不平等が発見された場合には手遅れになりやすいが，とりわけ寿命や身体的健康の不平等は取り返しがつかない．それゆえ，かなり敏感に持続的にモニタリングする必要がある．

また，地位獲得への再挑戦を可能にしつづけるためには，就職・進学などにおける年齢差別の撤廃も欠かせない．

(2) 個人単位のバランスシートを厳密化する

子どもによる代理という「解決」では，子どもが一定の地位を獲得する時期には，親はすでにかなりの高齢に達している．死去している場合も少なくない．それゆえ，将来本当に代理達成できるかどうかより，現在「代理達成できる」という期待をもてるかどうかの方が本当は重要であり，実際に重視されてきたと考えられる．

例えば，迷走をつづける選抜制度の改革，とりわけ大学入試改革はその犠牲だろう．入試制度をいじりまわすことは，「従来の選抜には不適切な部分があり，今後はそれが改善されるはずだ」というメッセージになってきた．それによって選抜結果が具体的にどう変わるかとは別に，より機会が平等になるという期待をつねに再生産してきた．竹内洋の言葉をかりれば，地位達成ゲームへの，世代をこえた「再加熱」を可能にしてきたのである（竹内 1995）．

"準本人"的な考え方がなくなれば，そういう曖昧な未来への期待では現在の不平等感を解消しがたくなる．その分，社会保障の仮想的な個人勘定化といった，厳密に個人単位での不平等是正が要請されてくる．

個人勘定化で収支を厳密に均衡させなければならない，というわけではない．どんぶり勘定でやるのではなく，個人単位の赤字黒字をはっきりさせた上で，世代間・世代内での調整を明示的な合意の上で進めなければならない，ということである．

(3) 不確定性を考慮した再配分をめざす

(5)でも述べるが，あらゆる機会の不平等が解消できるわけではないし，解消すべきだと頭からいえるわけでもない．不平等の是正には現実にはかなり大きな社会的コストがかかる．だから，政策上は妥協のつみ重ねになるが，そのためにも，不平等の是正とはいかな

る性格の作業かをきちんと理解しておく必要がある．

　くり返し述べてきたように，本人の上で不平等を是正するとすれば，どんな要因でどの程度不平等だったのかを確定できないままで，是正処置をとる必要がある．「本当にそのせいか……」と細かく厳密に検討していけば，水掛け論になりやすい．少なくとも容易に水掛け論にしてしまえる．そうなると，明らかに不平等な状況も結果的に固定されてしまう[4]．

　したがって，是正処置はある程度不確定なまま進めるしかない．逆にいえば，不平等の是正を図る際には，不確定さが致命的な欠陥にならないようにするのが望ましい．もう少し丁寧にいうと，個人個人の貢献度を，出発点での不平等を考慮して正確に測りなおすのが一番いいが，現実には正確に測ることができない．強引に「測れた」とすれば，別の不平等をふやす可能性さえある．それよりはむしろ全員に一律に再配分するような処置を考えた方がよい．

　いいかえれば，立岩真也が指摘しているように（立岩　2004），「機会の平等」だけを求める立場からも，結果的には「結果の平等」になる是正処置の方が現実的であるだけでなく，さらなる不正義をうみにくいという点で正当性をもつ場面は多い．「機会の平等」原理を掲げる場合，具体的な政策のレベルでは，ある政策（例えば資源の再配分の具体的なやり方）が「結果の平等」的であるからといって，その政策を否定することはできない．測定の不確定性まで考慮した上で，政策の採否を決める必要がある．

---

[4]　不平等そのものは本人に帰責できない変数による差がみつかれば「不平等だ」といえる．佐藤（2000b）参照．

(4) 親と子の連続性の負の面を縮小する

　不平等の是正が経済や倫理の面で大きな負の効果をもたらすという指摘は多い．事実，機会の不平等を完全に抑制しようとすれば，個人の手持ちの財だけでなく，環境条件や行動について逐一情報を集める必要がある．それは巨大な監視社会をつくることにひとしい（佐藤　2000b；2001）．

　だが，本当はどこまで厳密に是正すべきか自体も選ぶことができる．厳密な是正は，実際には不可能であるか，個人の自由などの他の基本原則に抵触するが，だからといって是正すべきではないとはいえない．是正にともなう不正義と是正せずにほっておく不正義をつねに比較考量すればよい．厳密な是正などできないのだから，「厳密な是正をしたらこうなる」という極端なケースをもち出して賛成や反対の直接的な論拠にはできない．不平等をめぐる議論は，論理を明確にするために極限的な事例や思考実験をもち出すことがあるが，そもそもそういうケースを議論する必要があるのか，そこからまず考えていくべきである．

　親と子の連続性の問題はその良い例である．

　家族制度がある以上，親の子どもへの影響を遮断することはできない．だが，そのなかでどれを認め，どれを認めないかは取捨選択できる．例えば，子どもの教育に親が積極的に関わることを禁止するのはむずかしいが，収入が少ない場合でも学費の高い学校へ進める補助金制度を創ることはできる．あるいは，本人の死後にも子どもに経済的な扶助をあたえつづけることには，一定の歯止めをかけられる．例えば，多額の遺産には高い相続税を課し，贈与するのであれば生存中にさせる，などのやり方が考えられるだろう．

　親が子にあたえる影響を，つまり機会の不平等の要因になりうるものを全て否定することはできないが，だからといって全てを肯定

しなければならないわけではない．

(5)選択可能／不能の切り分け基準を約束する

　(1)から(4)すべてに関わることだが，機会の不平等をあつかう上で基本となるのは，何が個人で選択可能で何が選択不能かという切り分けである．

　原理的な議論ではこの切り分けは自明の前提にされるが，現実の測定では正確な切り分け自体がむずかしい．例えば，親の学歴や職業の影響を「平均的にこの程度」と測ることはできるが，個人個人で何がどの程度影響しているかを確定することは，少なくとも現実的にはできない．だから，生まれ育った環境が劣悪でも大きな達成を果たす人間はつねにいるが，それは環境が影響しない証拠にはならない．ある程度から先は，影響の度合いはつねに不確定である．(3)で述べたように，是正する場合も不確定さを前提にする必要があり，(4)で述べたように，極限的な事例をもち出す場合には，もち出す側がもち出す妥当性をまず論証すべきである．

　それゆえ，個人で選択可能／不能という要因の切り分けはつねにある程度「社会的」なものにならざるをえない．社会学風にいえば「社会的に構築される」わけだが，もっと根底的な意味で，これは・・・・・約束事としてあつかうしかない．

　約束で一番大事なのは，一度約束したことを守ることである．単純な話，親からの遺産相続を認めるのであれば，貧富を最後まで自己責任にしてはならない．家庭での教育を認めるのであれば，教育達成をすべて個人の業績にはできない．もちろん，これらもつねに程度問題であるが，つねに程度問題であることまでふくめて，選択可能／不能の切り分け基準に関して一貫した態度をとるべきである．

　現実の格差以上に，その非一貫性が不平等感の爆発をうむ．切り

分けを客観的に根拠づけられなくても,あるいは見出された機会の不平等を現実には是正できなくても,切り分け基準を一貫して適用することはできるし,そうする必要がある.

14 ─── 平等化戦略がめざすもの

　この5つの戦略は機会の不平等をゼロにする方策ではない.

　機会の不平等の改善は不確定性という困難(アポリア)をはらむだけでなく,さらに家族という,より基幹的な制度上の困難(アポリア)にぶつかる.戦後型家族のように,この困難を相殺するしくみはもはや望めない(もちろんだからといって,戦後型家族が正しいといえるわけではない.あくまでも,機会の不平等との関連ではそういう効果があったといえるだけだ).現在の近代社会を基幹的な部分まで大きく変更しないかぎり,これらの困難をゼロにはできない.ゼロにはできないが,放っておくこともできない.機会の不平等はつねにそういう問題でありつづける.

　だから,求められているのは抜本的な解決策ではない.最終的な解消が望めない状況下でも,一人一人の生を立ち直り不可能なまでに損ねることなく,資源獲得−配分のゲームを原理的にではなく,現実的にできるだけ公平な方向へもっていきつづけられる方策.そういう「解決」が求められている.

　それは,矛盾に聞こえるかもしれないが,「機会の平等」がすぐれて原理だからである.配分原理にかぎらず,およそ社会の原理というのは,現実をこえた理念であるだけではなく,社会の当事者である人々が信頼を寄せる拠り代である.信頼をたもつのに,100%の成功はいらない.全員がうまくやれるようにする必要はないが,頭から見捨てられる人間,無視される人間を出すのは致命的である.

　社会の原理は,具体的に達成されないことではなく,人々の信頼

が失われることによって壊れていく．そして，その損害の方がはるかに大きい．それゆえ，社会の原理に関わる政策は，困難や課題の完全な無化ではなく，困難や課題にどれだけ敏感であるかが重要になる．現在はまだ明確になっていないものまでふくめて，困難や課題を見ないことにつながらないことが大切である．N. ルーマンという社会学者は，それを「システム合理性」と名付けたが（Luhmann 1973=1990），彼の言い方をかりれば，5つの戦略は「機会の平等」原理を保持する機能的に等価な解決策になっている．

「機会の平等」ははるか彼方の終着点である．遠い彼方にあるものは，めざすよりもなげく方が，届かない痛みを記憶しつづけるよりも，見えないことにする方がたやすい．機会の不平等をめぐる議論がつねに過剰に原理的となり，また原理的な議論好きの人々の玩具になってきた背後にも，そういう心理が働いているのではないか．
　極論したくなるし，極論する方がたやすい．不平等とはそんな主題である．だが，たやすいだけの旅路も退屈でつまらない，と私は思う．

【文献】

原純輔・盛山和夫, 1999, 『社会階層　豊かさの中の不平等』東京大学出版会.
Luhmann, Niklas, 1973, *Zweckbegriff und Systemrationalität*, Suhrkamp.=1990, 馬場靖雄・上村隆広訳『目的概念とシステム合理性』勁草書房.
斎藤修, 1996, 「人口」西川俊作・尾高煌之助・斎藤修編著『日本経済の200年』日本評論社.
佐藤俊樹, 1998, 「近代を語る視線と文体」高坂健次・厚東洋輔編『講座社会学1　理論と方法』東京大学出版会.
───, 2000a, 『不平等社会日本　さよなら総中流』中公新書.
───, 2000b, 「それでも進む「不平等社会」」「中央公論」編集部編『論争・中流崩壊』中公新書ラクレ.
───, 2001, 「機会の平等社会への途　平等原理の転換が意味すること」『法社会学』55: 7–21.

―――, 2003, 「不平等社会のゆくえと共同の論理 「弱者」から「敗者」へ」『生活経営学研究』38: 3-7.
―――, 2005, 「「勝ち負け」の欲望に取り憑かれた日本」『論座』121: 87-93,
白波瀬佐和子, 2005, 『少子高齢社会のみえない格差 ジェンダー・世代・階層のゆくえ』東京大学出版会.
竹内洋, 1995, 『日本のメリトクラシー』東京大学出版会.
立岩真也, 2004, 『自由の平等』岩波書店.

2 不平等化日本の中身
世帯とジェンダーに着目して

白波瀬佐和子

1 ── 不平等化の流れ

　日本はかつて大多数が中流意識をもつ国として「一億総中流社会」が謳われ，階級のない社会であることが強調された（村上 1977 ; 1984）．どの家にもテレビがあって，洗濯機があり，掃除機がある．日本中どこにいても，同じアイドル歌手の歌を口ずさんで，同じグラビア雑誌に載った洋服をまとう．だれであろうが，どこにいようが，だれもが同じライフスタイルを共有して極めて同質的であることが，日本人論の流れの中で強調されてきた．同質的で，「和」を重んずる国民だからこそ，1960年代の奇跡的な高度経済成長が実現した．

　奇跡の経済復興を遂げた日本も，1973年，第一次オイルショックを迎えて低成長時代に突入する．福祉元年は一年限りで終わり，緊迫する社会保障財源を睨みながら社会保障制度を立て直さなければならなくなる．そのような中，出生率が1988年から1989年にかけて大きく低下した．1990年の「1.57ショック」である．どうして子どもを産もうとしないのか．政府は躍起になって子育て支援策に取り組み始める．

　1980年代半ばから，貿易赤字が悪化し，失業率が高まり，世の中が沈滞ムードに染まっていった欧米を尻目に，日本は異常景気に沸く．バブル経済の到来である．高いものほど売れる．だれもが

「豊かな生活」をエンジョイできるような「気持ち」がはびこる．しかしよくみると，富める者はますます富み，貧しいものは一層貧しくなる．1990年代に入り，バブルが崩壊して夢物語は終わりを告げる．本格的な低成長経済を迎えて失業率が上がり始め，失業とは無縁であったはずの中高年者にも突然解雇される現実がはだかる．日本も意外と不平等な国である．なんとなく芽生えた懐疑心を後ろ押しするかのように，橘木 (1998) の『日本の経済格差』や佐藤 (2000) の『不平等社会日本』がベストセラーとなる．

実際に日本全体の所得格差は拡大したのだろうか．1980年代半ば，1990年代半ば，そして2000年はじめの3時点間のジニ係数[1]を国民生活基礎調査を用いて比較すると，.293，.317，.335，と明らかに不平等度は上昇している[2]．しかし，このジニ係数の違い以上に，人々は不平等化を実感している（大竹　2005）．

格差と不平等は互換的に使用されるが，同一ではない．両者の関

---

1) ジニ係数とは，所得格差の程度を表す代表的な指標である．累積所得と累積人員を1で基準化して描かれたのがローレンツ曲線である．完全平等を想定する対角線とローレンツ曲線のズレを示す面積の2倍の値がジニ係数である．ズレの面積が小さいほどジニ係数がゼロに近く，所得分布は平等であり，逆にズレの面積が大きく1に近ければ所得分布は不平等であることを意味する．

$$Gini = \left(\frac{2}{\mu n^2} \cdot \sum_{k}^{n} k W_k\right) - \frac{n+1}{n} = \frac{2\,\mathrm{cov}\left(W_k, \frac{k}{n}\right)}{\mu}$$

$$= \frac{\frac{2}{n}\sum_{k=1}^{n}(W_k-\mu)\cdot\left(\frac{k}{n}-\frac{1}{n^2}\sum_{k=1}^{n}k\right)}{\mu}$$

W_k は世帯 k の一人あたりの等価可処分所得で，$W_k = D_k/S_k^\varepsilon$ と表すことができる．D_k は世帯 k の可処分所得をさし，S_k は世帯 k の人員数である．ε は等価弾性値とよばれ，ここでは 0.5 とする．n は世帯総数，μ は平均可処分所得をさす．

2) 本章でのジニ係数は，世帯の総収入から社会保険や税等の社会的拠出金を差し引いた可処分所得をもって算出した．なお世帯規模を考慮に入れるため，世帯人数の平方根で除した等価可処分所得を用いた．本章でいう経済的不平等とは特に断りがない限り，この等価可処分所得をもって測る．

係について，簡単に触れておこう．佐藤（2005）は，経済学的格差と社会学的格差を区別して，前者は現実水準に着目するのに対し，後者は相対的な水準に着目すると述べる．相対的な差とは，「期待水準と現実水準の落差」（佐藤 2005, p. 29）を指す．格差には単なる量的な「差・違い」を超えた不条理や不平等の概念が伴う．その意味で，格差は絶対的ではなく相対的である点がポイントである．しかし，それにもまして，所得に代表される経済格差は，単なる所得の差以上に，より包括的な個人や世帯の社会経済的有利さ／不利さを生むところが重要である．ここでの包括的という意味は，単なる一時点での諸財力の保有量を超えた，将来起こるかもしれない様々な社会的リスクへの対応力をどの程度潜在的に保有しているかをさす．高所得層と低所得層の違いは，年間所得の差以上の違いを秘めており，その違いは絶対的というよりも相対的な違いである．この相対的な違いの意味を明らかにすることが，不平等研究がめざすところである．

　本章では不平等の指標として，ジニ係数を用いる．同係数は完全平等からのズレ（ローレンツ曲線）をさすが，ジニ係数をゼロにすることだけを最終的な政策目標とすべきかどうかは議論の余地がある．小西（2002）による不平等指数の「記述性」の問題と「規範性」の問題の指摘は，的確である．不平等，不公正を議論するにあたって，まず明らかにしなければならないのは，「何が不平等か」，「目標値としてのめざすべき社会とは」といった社会規範に関わる問題である．本章で用いるジニ係数とは不平等の程度を記述するための一手法であって，同係数をもって不平等に関わる規範を十分に議論することはできない．

　格差には不平等の概念が介在し，正義として許容できない「差」という意味合いを含む．正義として許しえない「差」をないがしろ

にすることを,「相対的剥奪」(佐藤 2005) とみなすこともできよう. 格差には個人の努力や能力によって左右することが困難な「所与としての条件」があって, これがどうしようもない城壁となって立ちはだかる. 例えば, 生まれ落ちた家柄, 年齢やジェンダー, がここでいう「所与としての条件」にあたり, この条件を自らの裁量でぬぐい去ることができない事実をもって,「不条理」とみなすことができる. この不条理な壁こそが, 社会正義の名のもと倒壊すべき政策課題となっていく.

2 ── 経済格差をみる2つの視点:世帯とジェンダー

何が経済の不平等化の原因になっているのかを特定化するのは容易ではない. 高齢化は一つの重要な要因である. 高齢化という人口変動と不平等化の関係について, いち早く実証データを用いて指摘したのは大竹 (1994) である. 高齢層は他の年齢層に比べて経済的格差の大きい層であり (玄田 1994;大竹・齊藤 1999;白波瀬 2002;清家・山田 2004;大竹 2005), 世代内の格差の方が, 異なる世代の間での格差よりも大きい (岩本 2000;大竹 2005). 経済格差の大きい高齢層の割合が上昇することで全体の経済格差が拡大した.

しかし高齢化だけで近年の経済格差の拡大が説明されるわけではない. 事実, 最近は若年層の格差拡大に注意が注がれており, 玄田 (2002) は引退世代に比べて若年世代の総収入が低下していることを指摘する. 若年層の格差拡大はいうまでもなく, 非正規化や無業層の増大と深く関連する (太田 2005;樋口 2004). フリーター, ニートと横文字で表現される若者の生き様は, 時代の風を感じる. 暑い最中も白いワイシャツでネクタイをしめ, 企業の都合が優先されるような働き蜂にはもう興味がない. フリーターだっていいじゃ

ないか.昔の価値観にこだわりを持たず,時代を駆け抜ける軽やかな若者像が強調される一方で,定職につきたくてもつけない若年無業者が増えて彼らの意気をくじく.正規の職に就きたくともつけずにもがく若者がいる.玄田(2001)は巧妙な語り口で,現実に事実としてそこにある「不安」をあえて「曖昧」と表現した.

高齢層の大きな格差や若年層の経済格差の拡大,といった議論は,どこの格差が大きくて,どこで格差が広がったのか,という経済格差の中身を詳しく捉える姿勢に一致する.格差の中身を捉えるにあたって本章では,世帯とジェンダーに着目して議論を進める.世の中は中立的な個人を単位として不平等が形成されているわけではない.世帯・家族という基本的な消費単位をもとに地域や社会が形成されている.本章では,個人,世帯・家族,地域,社会が多次元的に交差して不平等構造が形成されている点に注目する.

世帯は,社会保障制度の問題や階層論の立場から活発な議論が展開されてきた(Acker 1973;1980;Goldthorpe 1983;1984;原・盛山 1999;大沢真理 2002;社会保険研究所 2002;白波瀬 2004).特に女性の生き方の変化を中心に,これまで世帯主(多くが男性)を中心とした共同体としての世帯が諸制度や階層の基本単位としてきたことの妥当性に疑問が投げかけられるようになった.世帯主一人稼得世帯や家業を営む場合には,世帯主の社会経済的地位によって世帯を代表させることにそれほどの問題はなかった.さらに重要なことは,世帯主を中心として同じ社会経済的地位を世帯員間で共有することが暗黙の前提となっていたことである.しかし妻も家庭外で仕事を持つようになり,妻自身の就業状況と世帯主である夫の就業状況が異なる場合が出てくると,世帯としての同質性あるいは共同性を仮定することが果たして妥当であるかという疑問が,当然出てくる.しかし,複数の世帯員からなる世帯だけが存在

するわけではない．一人で世帯を構成する単独世帯を忘れてはならない．事実近年の世帯構造の変化として，単独世帯の増加がある．

ここでいう世帯構造とは，夫婦のみ世帯や核家族世帯というように，世帯を構成する世帯員同士の関係を通した世帯のタイプ化である．個人にとっての実際の生活が具現化される場が，世帯である．実際の人々の生き様のインフラとしての世帯が，人口変動とどのように関わり，経済格差とどう結びついているのか．これが本章の中心となる問いである．

また，世帯構造は生涯唯一のものではなく，時間の経過とともに変化する．例えば，大学を卒業，就職をして一人暮らしを経験し（単独世帯），結婚して3年間夫婦二人だけで生活をした（夫婦のみ世帯）後，子どもが生まれた（核家族世帯），というようにライフステージやファミリーステージによって世帯の形を変える．しかし一時点における状況を明らかにする横断的調査では，ライフステージの変化に伴う時間的な経過を検討することはできない．それでも，世帯主の年齢と世帯構造を考慮にいれることで，各人のライフステージを推測することができる．本章では世帯が経済格差をみる上の基本単位となるが，世帯主年齢はライフステージを見る上の代理変数として用いる．

もう一つの視点は，ジェンダーである．ここでは特に世帯をジェンダーからみる立場を強調したい．経済格差をジェンダーから検討する試みは，労働経済学者を中心にすでに多くの蓄積がある（篠塚 1982；八代 1983；樋口 1991；大沢真知子 1993；永瀬 1997）．そこでのジェンダー的視点とは，男性に対する女性という立場が中心で，世帯との関係にジェンダー的視点を取入れ，経済格差を議論する立場は少ない．世帯の問題をジェンダーからみる視点は大きく2つある．一つは世帯内のダイナミズム，あるいは世帯員間の異質

性をジェンダーに着目してみる視点と,もう一つは世帯を代表する世帯主をジェンダーからみる視点である.例えば,妻の就業が家計にどの程度の影響を及ぼしているか,という問いは前者の視点である.ここでは後者の視点から,世帯主が女性か男性かで,世帯構造はどのように異なり,その異なる世帯構造が経済格差とどのような関係をもつのかを検討する.

具体的には2つの世帯に着目する.それは,単独世帯と一人親世帯である.同じ一人暮らしでも,男性か女性かによってその経済的地位は異なる.事実,白波瀬(2002;2005b)は,高齢単身女性の経済的に恵まれない状況を実証データを用いて示している.わが国の一人親世帯の割合は1割にも満たない少数派であるが,同割合は確実に上昇している.わが国の母子世帯についての実証研究はまだ十分ではないものの,貧困の枠組みを中心に議論されてきた.岩田(2004)は,パネル調査を用いて「貧困[3]の経験」を詳細に提示し,貧困に結びつきやすい要因として離死別経験,多子,低学歴,未婚継続を指摘する.

日本の母子家庭における母親就業の高さは,すでに多くの研究によって明らかにされている(篠塚 1992;下夷 1993;藤原 2003;永瀬 2003;白波瀬 2005a).仁田(2003)は日本の母子家庭の母親の高い就業率の原因の一つを,高い就業インセンティブを組み込んだ児童扶養手当制度にみる.母子家庭は多くが低所得層に位置するが,その高い経済的リスクは,彼女らの低い賃金と密接な関係がある.阿部・大石(2005)は,日本の母子世帯の母親のほとんどが就労している状況を踏まえ,公的現金給付は彼女らの低い収入を補完し,低所得リスクへの転落を予防する施策として位置づけられる

---

3) 岩田(2004)は公的扶助基準をもって貧困を計測している.

べきものと説く.

本章で用いるデータは,厚生労働省による 1986 年,1995 年,2001 年の国民生活基礎調査（所得票）である[4]. 同データは,所得について最も精度の高い全国調査データの一つであり,相当量のサンプルサイズをもつ点で貴重である. 本分析では,データの強みである所得を中心に経済格差の変化と現状を明らかにしていく. 1980 年代半ば,1990 年代半ば,そして 21 世紀の初頭という 3 つの時点に着目するが,3 つの調査時点が等間隔でないので解釈には注意が必要である. 同調査の単位は世帯であるので,世帯主を中心に分析を進める. 本章でみる世帯構造とは,(1)単独世帯,(2)夫婦のみ世帯,(3)核家族世帯（両親と未婚子）,(4)一人親世帯（一人親と未婚子）,(5)三世代世帯,(6)その他の世帯（(1)-(5)以外の世帯）,の 6 カテゴリーに分ける. 分析によっては,一人親世帯を核家族世帯,あるいは三世代世帯と合わせて 5 カテゴリーの世帯構造を用いる場合もある.

3 ── 世帯構造の変化

図 1 は,1960 年以降の世帯構造分布の変化と少子高齢化の指標として 65 歳以上人口割合と合計特殊出生率の動きを示す. 少子高齢化は 1980 年代後半以降,加速度的に進行した. 特に 65 歳以上高齢者割合は 1990 年代に入って大きく上昇する. このような少子高齢化は世帯構造の変化を伴って実現している. 1980 年代以降,「単独世帯」と「夫婦のみ世帯」が増加し,二人親と未婚子からなる「核家族世帯」や三世代世帯を含む「その他世帯」の減少が明らか

---

[4] 本分析は,厚生労働科学研究政策科学推進研究事業「少子高齢社会の社会経済的格差に関する国際比較研究」（平成 16 年度・17 年度）の一環として実施された成果の一部である.

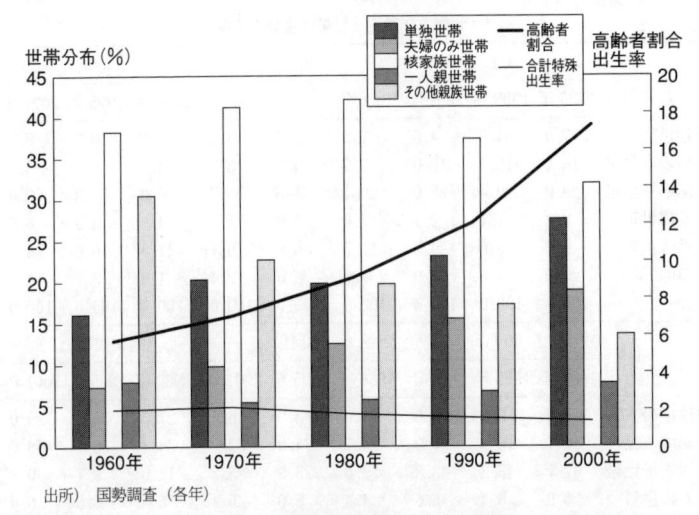

図1 世帯構造分布の変化と少子高齢化

出所) 国勢調査（各年）

である．しかしながら，同じ単独世帯といえども20代の若年層であるのか，それとも70代の高齢層であるのかによって，経済的な状況や意味が異なるであろう．そこで，世帯主の年齢階層別に，世帯構造分布を国民生活基礎調査データの3時点についてみたのが表1である．

まず，20代からみていこう．20代の世帯構造の変化は，3時点の間で，1986年と1995年，1995年から2001年と変化のパターンが2つに分かれる．単独世帯は1986年から1995年に47％から61.5％へと大きく上昇し，核家族世帯が29.0％から20.4％へと減少した．しかし，2001年になると単独世帯は61.5％から54.5％へと減少し，核家族世帯は25.9％へと上昇する．1995年から2001年にかけての核家族割合の上昇は，単独世帯が相対的に減少したことによる．20代世帯主における核家族世帯とはその大半が幼い子をもつ若い家族である．最近の晩婚化の中，20代で結婚を

表1 世帯主年齢別, 世帯構造分布の変化

	20代			30代			40代		
	1986年	1995年	2001年	1986年	1995年	2001年	1986年	1995年	2001年
単独世帯	47.0	61.5	54.5	7.2	13.7	14.4	4.8	6.8	8.3
夫婦のみ世帯	16.4	13.1	13.0	7.9	13.2	13.2	4.5	5.7	5.6
夫婦と子世帯	29.0	20.4	25.9	69.1	61.3	59.7	66.6	61.3	60.0
一人親世帯	0.8	1.1	1.1	2.6	2.9	5.1	4.8	5.9	5.6
三世代世帯	1.9	0.6	0.6	11.5	6.6	5.1	17.5	16.6	16.5
その他	5.0	3.3	4.9	1.6	2.3	2.4	1.8	3.7	4.0
合計	100.0	100.0	100.0	100.0	100.0	100.0	100.0	100.0	100.0
	50代			60代			70代以上		
	1986年	1995年	2001年	1986年	1995年	2001年	1986年	1995年	2001年
単独世帯	5.9	8.2	9.8	14.0	13.9	16.9	27.8	28.7	29.0
夫婦のみ世帯	15.7	16.2	15.9	29.7	34.9	32.9	34.4	36.1	38.0
夫婦と子世帯	47.7	48.3	43.3	22.0	23.9	25.2	11.0	9.7	9.8
一人親世帯	5.9	6.4	6.6	4.4	5.6	5.4	5.3	5.6	6.4
三世代世帯	17.4	13.6	16.0	20.1	12.0	9.9	16.3	13.6	10.4
その他	7.4	7.4	8.4	9.7	9.7	9.6	5.2	6.2	6.5
合計	100.0	100.0	100.0	100.0	100.0	100.0	100.0	100.0	100.0

出所) 国民生活基礎調査 (1986年, 1995年, 2001年)

し子どもを持つ場合は, 全体として減少傾向にあるが, ここでは20代の世帯主の中の世帯構造分布を見ている. 全体の世帯主年齢分布をみてみると, 20代世帯主割合は1986年の6.1%から2001年の5.2%へと依然として低い. 従って, 20代で世帯主となる少数派の中での世帯構造分布であることを留意されたい. 少子化との関連で成人しても親と同居する未婚子が注目されてきた1980年代半ばから1990年代半ばにかけて, 親の庇護のもと親と同居する(非世帯主)パラサイト・シングルが増加したが, 20代で世帯主となったものの中で増えたのは, 若者の一人暮らしであった. その背景に, 1990年代半ば以降の若年層の失業率の上昇[5]と進学率の上

---

5) 15-24歳層の完全失業率は, 男女あわせて9.6% (2001年) で, 1995年の6.1%

昇がある.

　20代の単独世帯をみるにあたって，学生は見落とすことができない．1986年と1995年には20代の単独世帯の約35%が学生であったが，2001年にはその値が26%と減少している．大学への進学率は1995年の32.1%から2001年の39.9%へと上昇したことを考え合わせると（文部科学省生涯学習政策局　2004），学生で一人暮らしをするケースが減少した．近年の学生は親と同居して通学するようになったことが，本結果から窺える．

　30代以降の世帯では，世帯構造の変化にある程度一定のパターンを認めることができる．まずどの世代でも共通して単独世帯が増えている．高齢者の単独世帯は経済的に不利な状況を余儀なくされ，高齢期をみるにあたって世帯構造の違いは重要な意味を持つ（白波瀬　2002）．しかし，単独世帯は30代，40代，50代でも増えている．特に30代は，単独世帯が7.2%から14.4%へと倍増した．また，30代世帯主の間で夫婦のみ世帯は7.9%から13.2%へと増えたが，核家族世帯は69.1%から59.7%へと減少した．また，一人親世帯が2.6%から5.1%と数自体は大きくないにせよ，確実に増加していることも見落とせない．ここでの変化は晩婚化や子どもを持たない層の増加といった，人々の生き方が多様化しはじめたことと関連している．

　単独世帯の増加は40代，50代でも認められ，彼らの間でも核家族世帯割合は確実に減少している．2007年問題を担う50代世帯主層でも核家族世帯は47.7%から43.3%へと減少が目立つ．このように，子どもがいる世帯（核家族世帯，三世代世帯）が30代世帯主から50代世帯主層の間で共通して減少している一方で，一人

より3ポイント以上上昇している（総務省統計局　2005）．

親世帯割合は少数派であるが増えている．

60代，70代以上については，単独世帯や夫婦のみ世帯，核家族世帯，一人親世帯が増える一方で，三世代世帯が大きく減少している．これまで高齢者は若年世代と同居することで基本的な生活保障機能を享受してきたが，高齢者にとっての生活の場そのものが変化した．同じ世帯内の人的資源量そのものが低下して，高齢者がこれまでと同程度の生活保障機能を享受することが難しくなったことが世帯構造の変化から読み取れる．日本の高齢層は，若年世代と同居することで世話的なケアを容易に享受することができたとともに，経済的にも保護されてきた（白波瀬　2002）．しかし，高齢化が進む中，単独世帯や高齢夫婦のみ世帯が増加し，世帯内だけで生活保障機能を十分に提供することが物理的に難しくなってきた．こういった高齢者にとっての生活の場の変容は，経済格差に少なからず影響を及ぼす．

4 ───── ライフステージからみた不平等度

本分析では，ライフステージを世帯主年齢によって代表させる．大竹・齊藤（1999）は1980年代から1990年代にかけての経済格差の拡大を，格差が大きい高齢層割合の増加とみて，人口高齢化にその主たる原因を見出す．岩本（2000）も，1989年から1995年にかけての不平等度の上昇は人口高齢化にあり，年齢層内の効果が大きいことを国民生活基礎調査によって明らかにしている．そこで本章では，年齢層内の経済格差に注目して，世帯主年齢ごとの変化をみる．図2は，世帯主年齢分布と各年齢層内のジニ係数を示した．不平等度の時系列変化としてまず明らかなことは，20代・30代を中心とした若年層における経済格差の拡大と65歳以降の高齢層における経済格差の縮小である．

出所）国民生活基礎調査（1986年，1995年，2001年）

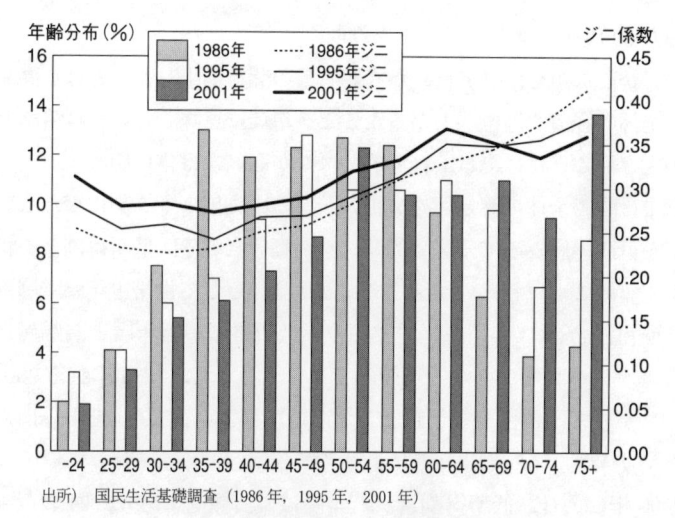

図2　世帯主年齢分布とジニ係数の変化

　世帯主年齢層のサイズの変化と不平等度の関係を図2から大雑把にみると，サイズが縮小している若年世帯主層において経済格差の拡大が近年大きいことがわかる．若年世代は少子化との関連でサイズ自体が縮小しており，全体格差への影響力が高齢化ほどではないと推測される．そのため，若年層からみると全体格差が過小評価されているといえる．その一方，サイズが拡大した65歳以上層では，不平等度が低下している．サイズが縮小した若年層で経済格差が拡大し，サイズが拡大した高齢層内の経済格差は縮小した．このように年齢層サイズと経済格差の程度の関係がライフステージによって異なることが，人々の不平等度に対する意識を混乱させる．若年層は不平等を強く感じ，将来も不平等度が拡大すると予想する傾向にあるのは（大竹2005；白波瀬　2005b），彼らの層で実際に経済格差が大きくなっていることを反映している．それでも，ジニ係数が世帯主年齢が上がるにつれて上昇するパターンは，2001年におい

ても60代前半世帯主層まで認められる.

しかしながら,経済格差が高齢者層の間で縮小したことは,高齢者全体の経済的地位があがったことを単純に意味しない.経済格差が大きいことだけでは,経済的リスクが高いとは言い切れない.本章では世帯全体の等価可処分世帯所得の中央値より5割に満たない層を低所得層とみて,経済的リスクが高いとみる.低所得割合を世帯主年齢ごとにみたのが図3である.全体として世帯主年齢階層別低所得割合はU字型を呈しており,低所得層が若年層と高齢層に大きく分かれることが一目瞭然である.しかし,1986年から2001年にかけて,各世帯主年齢層ごとの低所得割合は20代を中心に大きく上昇し,65歳以上では低所得割合が大きく減少している.2000年に入り,低所得割合が若年層に偏る傾向にあり,24歳以下の世帯主層で低所得割合は1986年の21%から2001年には42%へと倍増している.一方1986年時点で最も低所得割合が高かった75歳以上世帯主層では,1986年の44%から29%へと同割合が大きく減少する.この高齢層における低所得割合の低下は,公的年金制度をはじめとする社会保障制度の充実によるところが大きいと考えられる.若年層における低所得割合の上昇は,すでに多くの研究者が言及しているように,若年層の非正規化や無業化による(玄田2002;小杉2003;樋口2004).

最後に20代世帯主層と関連して,学生について簡単に触れておきたい.図3は学生を含んだ結果であるが,学生の収入構造をみると親からの仕送りによって生計を立てている場合が多く,彼らの経済状況は自活している者よりも一般に悪い.そこで学生を除いて不平等度を見てみると,20代後半における経済格差の変容が一様ではなくなり,1995年から2001年にかけての不平等度の上昇が特に大きい.親からの仕送りに頼り低所得割合の高い学生を除くと,底

(%)

出所）国民生活基礎調査（1986年，1995年，2001年）

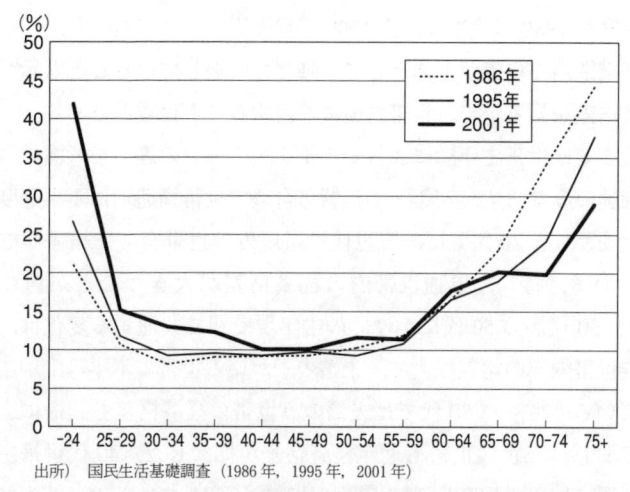

図3　年齢階層別低所得割合

辺層が底上げされて経済格差そのものは20代層で若干改善される．しかし，1995年から2001年にかけて，学生でもなく正規の雇用にも就かないといった若年の増加を反映して，20代前半を中心に若年世帯主の不平等度が大きく上昇する．教育の場を本拠とする学生は，教育を修了した者とは経済的位置づけが異なる．そこで以下の分析では，学生を除いて進めていく．

5 ── 世帯構造からみた不平等の程度

白波瀬（2005c）は，65歳以上高齢者層の不平等度の変化を世帯構造内と世帯構造間の要因に分解し検討を試みた．その結果，1986年から1989年にかけては世帯構造間による格差拡大の割合が20.5%から23.3%へと上昇したが，1990年代に入り同値は2割程度と安定しており，世帯構造内の格差によるところが大きいことを示した．さらに白波瀬（2002）は，高齢者のいる世帯における不

平等度が1980年代半ばから1990年代後半にかけて減少し，異なる世帯構造内の格差が全体として下降して収斂していることも示した．経済格差を見る上で，世帯構造に着目することは重要である．

表2では世帯主年齢によってライフステージの違いを考慮にいれ，高齢層のみならず，若年・中年層も含めて世帯構造別に不平等度の変化を示す．20代では，三世代世帯以外の世帯全てで格差が拡大している．特に，単独世帯内の経済格差が大きいことが目につく[6]．30代から50代にかけての中年現役層で共通する変化は，核家族世帯内部の格差拡大で，未婚の子がいる世帯の不平等度が広がっている．さらに30代では夫婦のみ世帯の経済格差も同様に広がっており，三世代世帯も近年経済格差が拡大した．40代世帯主層では経済格差の程度は3時点間で比較的安定しているが，核家族世帯の格差拡大が目立つ．

60代以降の高齢層になると，核家族世帯と三世代世帯の中で格差の拡大が認められる．60代世帯主層の核家族世帯では成人未婚子が同居する場合が多い．その意味で成人未婚子と同居する世帯の経済格差が広がっているとも言える．また，これまで若年層と同居することで生活保障機能を享受していた三世代世帯の間で，経済格差が拡大する傾向が認められた．高齢者のいる世帯の中でこれまで高齢者にとっての代表的な世帯構造（三世代世帯）は減少する中，三世代世帯内部の経済格差は拡大している．60代は，定年退職が始まると同時に再就職をする者や年金生活に入るものなど，雇用所得の有無によって同年齢層の経済状況のバラツキが大きくなる．

---

[6] 「その他世帯」は，どの年齢層でも高い不平等度を示す．「その他世帯」とは，単独世帯，夫婦のみ世帯，核家族世帯，三世代世帯以外の世帯であり，最も異質性が高いカテゴリーである．従って，経済格差が高いことも必然的な結果とも解釈できる．本章では，「その他世帯」については詳しく触れない．

表2 世帯主年齢別,世帯構造別,不平等度の変化

	20代			30代			40代		
	1986年	1995年	2001年	1986年	1995年	2001年	1986年	1995年	2001年
単独世帯	0.2148	0.2410	0.3054	0.2764	0.2600	0.2702	0.3461	0.3288	0.3512
夫婦のみ世帯	0.2109	0.2595	0.2637	0.2317	0.2301	0.2537	0.2744	0.3075	0.3100
夫婦と子世帯	0.2190	0.2157	0.2530	0.2188	0.2346	0.2647	0.2387	0.2652	0.2780
三世代世帯	0.2104	0.2467	0.1912	0.2312	0.2376	0.2515	0.2870	0.2562	0.2817
その他	0.2443	0.3036	0.3744	0.3165	0.2941	0.3027	0.3042	0.3092	0.3439
	50代			60代			70代以上		
	1986年	1995年	2001年	1986年	1995年	2001年	1986年	1995年	2001年
単独世帯	0.4143	0.3984	0.4052	0.4215	0.4119	0.4309	0.3920	0.3826	0.3660
夫婦のみ世帯	0.3360	0.3243	0.3597	0.3847	0.3775	0.3711	0.4303	0.3549	0.3200
夫婦と子世帯	0.2882	0.2939	0.3215	0.3319	0.3462	0.3621	0.3714	0.3834	0.3269
三世代世帯	0.2822	0.2878	0.2911	0.2877	0.2949	0.3161	0.2935	0.2930	0.3053
その他	0.3012	0.3308	0.3513	0.3279	0.3456	0.3490	0.4193	0.3490	0.3713

注) 不平等の程度はジニ係数によって提示する
出所) 国民生活基礎調査 (1986年, 1995年, 2001年)

人々の働き方や生き方の違いが最も明確にでる60代層で,経済格差の程度は最も高くなる.

70代以上世帯主層になると,ほとんどの世帯の中で経済格差が低下している.単独世帯のジニ係数は,.392から.366へと低下し,夫婦のみ世帯の場合も,.430から.320へと大きく低下し,核家族世帯の格差も縮小している.これまで最も経済格差が大きかった70代以降の超高齢層で経済格差が縮小した一方で,60代の比較的若い高齢層の格差拡大が明らかになった.

経済格差が大きいということは,富めるものと貧しいものがどの程度混在するかをみる一つの指標であるが,格差だけを見ていては人々がどの程度の経済的リスクを負っているかを十分に読み取ることができない.例えば,ある特定グループがかなり貧しい者によって同質的に構成されているとすると,そのグループ内の格差の程度そのものは小さいが,低所得者割合はかなり高いということがあり

うる.そこで,低所得層割合をもって経済的リスクが高い層とみなして,世帯構造別の経済的リスクの程度をみてみよう.

6 ──── 世帯構造別経済的リスクの違い

世帯主年齢別に,低所得割合の変化を世帯構造ごとに詳しく見たのが,表3である.まず明らかなことは,20代層の低所得割合がどの世帯構造にも共通して上昇していることである.特に,単独世帯(15.2%から24.6%)や子どものいる世帯(核家族15.7%から22.3%,三世代世帯6.4%から12.5%)において低所得割合の増加が目立つ.30代においても低所得割合がどの世帯構造においても上昇しているが,その上昇程度は20代ほどではない.

40代以降の世帯主年齢層をみてみると,単独世帯における低所得割合の低下が共通して認められる.40代では24.3%から14.2%へ,50代は39.6%から31.0%へ,60代は56.1%から39.4%へ,70代は69.7%から44.9%へと低所得割合が減少している.このように,とりわけ高齢層における経済的リスクの改善が認められる.それでも,高齢層は依然として経済的リスクが若・中年層に比べて高く,2001年時点でも60代は4割近く,70代以降になると半分近くが低所得層にあることも見落としてはならない[7].60代以降の高齢層で経済格差が縮小しているといえども,低所得割合は高齢層において高い.

また,30代世帯主における低所得層の上昇は特に幼い子をもつ核家族世帯に認められる.表2からも,30代の核家族世帯の経済格差が上昇していることが明らかで,30代世帯主の核家族世帯に

---

7) 特に,日本の高齢単身女性は他の欧米所得と比べても高い低所得リスクを負っている(清家・山田 2004;白波瀬 2006).

表3 年代別, 世帯構造別, 低所得割合の変化

	20代			30代			40代		
	1986年	1995年	2001年	1986年	1995年	2001年	1986年	1995年	2001年
単独世帯	15.20	15.97	24.61	12.82	14.03	11.06	24.26	15.80	14.21
夫婦のみ世帯	4.23	7.12	7.88	3.50	3.32	4.84	8.48	7.30	9.09
夫婦と子世帯	15.71	21.14	22.32	8.76	9.39	13.93	7.99	9.24	9.81
三世代世帯	6.45	15.38	12.50	9.03	9.16	11.11	10.61	7.34	6.40
その他	14.29	23.64	42.86	13.10	14.12	20.29	8.85	9.09	8.92
全体	12.96	16.17	22.20	8.74	9.32	12.32	9.29	9.24	9.84
	50代			60代			70代以上		
	1986年	1995年	2001年	1986年	1995年	2001年	1986年	1995年	2001年
単独世帯	39.64	31.96	30.95	56.10	40.62	39.37	69.70	56.50	44.89
夫婦のみ世帯	10.43	7.30	8.92	16.47	14.56	15.41	37.23	22.57	16.65
夫婦と子世帯	8.42	8.00	10.15	12.36	13.13	14.56	25.50	25.00	19.52
三世代世帯	8.88	6.62	6.66	6.95	9.12	10.84	8.02	9.47	10.19
その他	14.37	10.09	9.19	17.11	15.51	14.94	36.61	27.34	22.40
全体	11.08	9.80	11.32	19.09	17.18	18.69	39.57	31.21	25.00

出所) 国民生活基礎調査 (1986年, 1995年, 2001年)

おける経済的不平等度の上昇は低所得割合の増加に伴うボトムの引き下げによって生じたと考えられる．高齢層だけでなく幼い子どものいる世帯に対しても社会的保障を提供すべきであるとする議論の背景として (都村 2002；国立社会保障・人口問題研究所 2005b), 子どものいる世帯の経済格差が拡大している事実がある．

ここまですべての世帯構造を視野に入れて経済格差や低所得層について検討してきたが, どの世帯主年齢層においても単独世帯における経済格差は大きく, 低所得割合も高い．そこで単独世帯についてもう少し詳しく, ジェンダーの視点も加えて議論を進めていこう．

7 ─── 単独世帯の経済状況

単独世帯を形成するのはどのような人々か, 性別, 年齢別からみていこう．単独世帯のうち, 2001年時点で男性35.6%, 女性

64.4% と女性の方が多い．女性割合を年齢階層別にみると（図4），女性割合が上昇しているのは 30 代のみで，その上昇程度も低い．他の年齢層は女性割合が低下しており，特に 40 代，50 代の低下の程度が大きい．言い換えれば，単独世帯に占める男性割合が上昇している．その背景には男性の未婚化との関係が考えられ，1995 年の 8.99 から 2000 年の 12.57 へと男性の生涯未婚率[8] は大きく上昇した（国立社会保障・人口問題研究所　2005a）．女性も生涯未婚率は恒常的に上昇しているが，男性ほど大きな変化ではない[9]．

　単独世帯といえども，その配偶関係は男女の間で一律ではない．表 4 は，単身者の配偶関係を年齢階層別に男女で示した．20 代は男女共に未婚者が多く，単独世帯内の男女割合にも大きな変化はない．しかし 30 代になると女性における未婚者割合が 84% から 92.8% へと上昇しており，30 代の単独世帯の女性割合の上昇は女性の晩婚化・未婚化と関係していることがわかる．1986 年時点において，30 代女性で単独世帯を形成するもののうち約 15% は離別者であった．しかし 2000 年になるとその値は半減し，30 代女性の単身者の 9 割以上が未婚者である．

　一方男性をみると 20 代から 40 代にかけての配偶関係分布は 3 時点間で大きな変化はない．しかし 50 代，60 代の男性単身者の間で興味深い変化を見ることができる．それは 50 代における未婚割合の大きな上昇である．2001 年時点で 50 代の男性一人暮らしの過半数は未婚者である．かつて離別者の占める割合が 4 割以上であったが，2001 年には離別者は 3 分の 1 程度に減り未婚者が過半数となった．60 代単身男性の間では，未婚者割合が上昇しているが，そ

---

8)　50 歳時の未婚率をもって，生涯未婚率とする．
9)　2000 年の女性の生涯未婚率は 5.82 である（国立社会保障・人口問題研究所 2005a）．

出所) 国民生活基礎調査 (1986年, 1995年, 2001年)

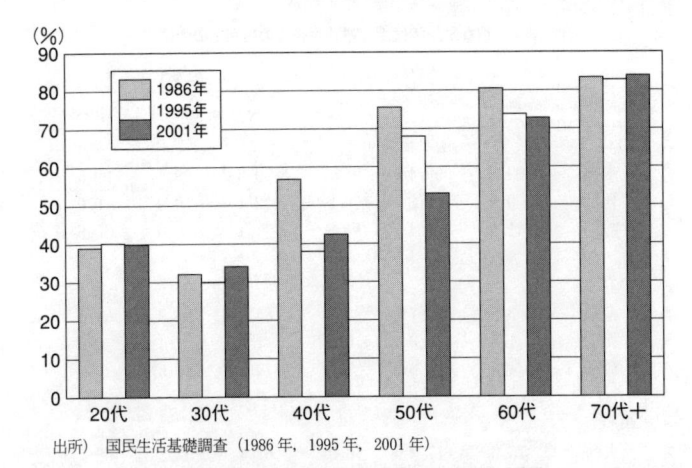

図4 年齢階層別, 単独世帯における女性割合の変化

れと同時に離別者割合が2001年には4割まで大きく上昇した. 1980年代半ば頃, 60代の男性が一人暮らしをするのは, 死別者が過半数であったが, その状況はいま大きく変わった. 一方, 女性については, 40代以降離別者割合が上昇しており, 特に50代単身女性の離別者割合は1986年の23.4%から2001年の46.7%へと大きく上昇している.

いわゆる団塊の世代に相当する50代の単独世帯において, 男女の間で興味深い変化が認められる. 団塊の世代はサイズの大きさが着目されているが, 大きく揺れ動く個々人の生き方が顕在化してきた世代ともいえる. これまでの50代男性といえば, 一家の大黒柱として一家を支え, 職場では中堅として管理職に就き賃金プロファイルの頂点にある時期にあった. そこでは, 子どもが成人しても相変わらず面倒をみることができる経済的な受け皿があった. しかし, これからの50代はそうばかりもいっていられない. 未婚のまま50代に至ったもの, 離別したものなど, 経済的に恵まれないものが混

表4 男女別, 年代別, 単独世帯主の婚姻上の地位

	男性			女性		
	1986年	1995年	2001年	1986年	1995年	2001年
20代						
未婚	99.0	99.4	98.7	99.8	99.1	99.5
死別	0.0	0.2	0.0	2.1	0.3	0.0
離別	1.0	0.4	1.3	1.1	0.6	0.5
30代						
未婚	93.9	95.7	92.5	84.0	87.2	92.8
死別	1.5	0.3	0.5	1.6	1.4	0.0
離別	4.2	4.0	7.1	14.4	11.5	7.2
40代						
未婚	75.6	77.2	76.9	67.4	52.2	58.4
死別	2.3	2.3	1.6	8.7	9.9	8.0
離別	22.1	20.5	21.5	23.8	37.9	33.6
50代						
未婚	43.2	57.4	57.4	31.2	25.8	31.1
死別	15.8	11.6	7.0	45.4	38.2	22.1
離別	41.1	31.0	35.5	23.4	36.1	46.7
60代						
未婚	15.7	22.3	23.0	15.4	15.3	14.3
死別	57.4	50.2	36.6	69.0	68.6	65.1
離別	27.0	27.5	40.4	15.6	16.0	20.5
70代以上						
未婚	5.1	7.1	7.8	4.0	6.8	8.6
死別	82.8	84.0	78.9	91.7	86.3	84.4
離別	12.1	9.0	13.3	4.3	6.9	7.0

出所) 国民生活基礎調査 (1986年, 1995年, 2001年)

在している.

表5は世帯主年齢層ごとに単独世帯の低所得割合を男女別に示した. ここで明らかなことは, 20代の単独世帯における低所得割合が近年増えており, 特に1995年から2001年にかけての増加が大き

表5 年代別,男女別,単独世帯の低所得割合

	低所得割合		
	1986年	1995年	2001年
20代			
男性単独	13.13	13.66	21.94
女性単独	18.95	19.38	28.64
30代			
男性単独	7.95	10.09	9.36
女性単独	23.20	21.62	15.22
40代			
男性単独	16.79	8.75	13.98
女性単独	29.65	27.95	25.55
50代			
男性単独	29.47	25.16	25.00
女性単独	43.05	36.06	36.68
60代			
男性単独	46.96	30.81	29.79
女性単独	58.44	45.03	43.95
70代以上			
男性単独	52.53	40.57	28.52
女性単独	73.08	61.02	48.68
全体			
男性単独	21.58	18.79	21.59
女性単独	50.34	44.54	41.95

出所) 国民生活基礎調査 (1986年, 1995年, 2001年)

いことである．さらに，どの年齢層でも女性の方が男性よりも低所得層に陥る確率が高い．事実女性の全単独世帯のうち42%が低所得層であり，男性単独世帯の場合の約2倍の値である．この低所得割合の男女差は，男女の間での有業率の違いのみに起因するわけではない．単独世帯における有業者割合は全体として高く，50代に

(%)
```
80
70
60
50          20代
40     70代以上
30   60代        30代
20   50代         40代
10
 0
  第1分位 第2分位 第3分位 第4分位 第5分位 第6分位 第7分位 第8分位 第9分位 第10分位
```
出所) 国民生活基礎調査 (2001年)

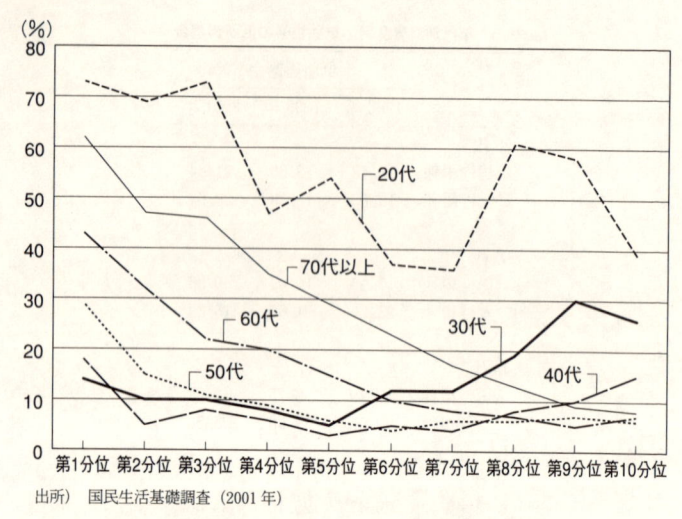

図5 世帯主年代別, 所得10分位別,単独世帯割合 (2001年)

おける女性単身者の有業率は1986年の70%から2001年の86%へと上昇している. 低所得層にあるといえども, 50代までの単身者の多数が仕事をもっている. 単独世帯の高い経済的リスクは無業者が多いというよりも, 就いている仕事が低賃金であることが問題であることを物語っている. では, 一人暮らしをするものは経済的に恵まれないと断言できるのだろうか. 答えは否, である.

図5は, 各世帯主年齢層ごとに等価可処分所得を10分位に分けて, 2001年時点のそれぞれの分位における単独世帯の割合を示した. ここでの最も興味深い結果は, 30代, 40代において, 単独世帯割合が低所得層と高所得層に分散するU字型を呈していることである. 30代, 40代の単身者は, 確かに経済的に貧しいものもいるが, 第9分位や第10分位の高収入を得るリッチな独身貴族が同時に存在する[10]. しかし, 50代に入ると, 単独世帯割合は低所得層ほど高くなる. さらに高齢になると, 一人暮らしであることと経

済的リスクはより緊密になっていく．ここでの30代，40代のリッチな単身者がその後どうなっていくのか．リッチな独身貴族の行き着くところは，相変わらず豊かな老後生活なのか，気ままな生活もこれまでと遅ればせながら独身生活に終止符を打って新たな世帯を形成していくのか，この時点ではわからない．20代の単身者は，第3分位と第8分位を山とするM字型を呈する．他の年齢層に比べ，20代では一人で暮らすことと経済状況との関係が多様である．

8 ───経済格差をジェンダーからみる意味

同じ単独世帯でも，女性であるか男性であるかによって，その経済状況が異なっていた．この違いは何を意味するのか．本章で設定した分析視点は2つある．一つは世帯であり，もう一つはジェンダーであった．親と同居し，祖父母とも同居して生活し，就職して会社の寮に入り結婚して，子どもが生まれて核家族世帯を構える，といった一つの典型としてのライフコースから最も大きく外れるのが，単独世帯ともいえる．特に中高年の単独世帯はこれまで「典型」とされてきたライフコースから外れたものである．男性が一人で生活することと，女性が一人で生活することは，経済的な意味が同じではない．低所得割合は全体として底上げされたものの，女性の一人暮らしは経済的リスクと依然隣合わせである．特に60代，70代の単身女性の高い経済的リスクは過小評価することができない．では，女性が世帯主になるということは何を意味するのか．

表6は，世帯主のジェンダー別世帯構造である．女性が世帯主である世帯は，2001年時点で6割が単独世帯で約4分の1が一人親

---

10) ここでは男女合わせた結果を提示しているが，30代・40代の高収入単身者の大多数は男性である．

世帯である．夫婦のみ世帯や核家族で女性が世帯主である割合は1割にも満たない．これまでの一般的な女性の生き方を世帯の観点からみると，結婚するまで親と暮らし，結婚をして夫婦世帯となり，1，2年して子どもが生まれて核家族となり，年老いて夫と死に別れても子世代と同居して一生を全うする．このように女性は親か夫，あるいは夫の親，さらには子どもなど，「誰か」と暮らしてきた．しかし女性の晩婚化・未婚化や長寿化とともに単独世帯となる割合が上昇した．さらに，女性の生き方も多様化し，その一つの現われとして離婚率の上昇がある．人々の生き方は多様化したが，女性が世帯主になるのは，一人暮らしか一人親世帯にほぼ限定される．

　最後に，親一人で子どもを育てることを男性と女性の間での経済格状況から比べてみたい．表7は，二人親世帯と父親一人世帯，母一人親世帯の所得中央値を比較して，二人で子どもを育てることと一人で子どもを育てる状況の差を経済的な状況からみた．まず2001年時点をみると，二人親世帯を100にした場合父親一人世帯の所得は8割弱となり，その格差は1990年代後半以降拡大する傾向にある．その理由の一つとして，等価可処分所得の中央値の変化に表れるように，父親一人世帯の所得レベルが近年急激に低下したことが考えられる．1980年代半ばや1990年代半ば，二人親世帯と父親一人世帯との経済格差は9割以上と，それほど大きくない．しかし近年，父親一人世帯は二人親世帯に比べて経済的に恵まれない状況にある[11]．

---

11) どうして父親一人世帯と二人親世帯との経済格差が拡大したのかを考えるにあたって，父親一人で子どもを育てることによって経済状況が悪化したのか，あるいは父親一人世帯となる男性が，低賃金である傾向が高まったか，が考えられる．もっとも父親一人世帯は親と同居して子育て支援を獲得するケースが多く（白波瀬2005a），親との同居率が近年大きく低下したわけではない．

表6 男女別世帯構造分布の変化

	1986年		1995年		2001年	
	男性	女性	男子	女性	男性	女性
単独世帯	4.4	54.8	7.3	57.6	7.8	60.6
夫婦のみ世帯	17.4	0.5	24.4	0.5	27.6	0.6
核家族世帯	55.0	5.7	47.3	5.8	42.9	5.4
一人親世帯	1.2	27.6	1.2	26.0	1.4	24.2
三世代世帯	17.3	4.9	13.9	3.9	13.5	3.1
その他	4.7	6.5	5.9	6.2	6.8	6.0
合計	100.0	100.0	100.0	100.0	100.0	100.0

出所) 国民生活基礎調査 (1986年, 1995年, 2001年)

表7 二人親と一人親世帯の経済格差

世帯収入中央値	1986年	1995年	2001年
1. 二人親世帯	200.44	262.12	244.80
2. 父親一人世帯	189.26	257.52	190.57
3. 母親一人世帯	99.14	135.40	116.96
2と1の比 (1=100)	94.42	98.25	77.85
3と1の比 (1=100)	49.46	51.66	47.78
3と2の比 (2=100)	52.38	52.58	61.37

出所) 国民生活基礎調査 (1986年, 1995年, 2001年)

母親一人世帯も,二人親世帯との経済格差は1986年の49.5から2001年の47.8へと若干拡大する傾向にある.母親一人世帯は二人親世帯の半分程度の収入しか獲得していない.一人で子どもを育てることと,夫婦二人で子どもを育てることとでは,女性の方が経済的ハンディが大きい.母親一人世帯の収入は父親一人世帯の6割程度でしかないが,1995年から2001年にかけて格差が縮小する傾向にある.その背景には父親一人世帯の収入が低下したことがあり,これまで十分な注意が払われてこなかった父親一人世帯で何らかの経済的支援に対するニーズが潜在している.

表8は全世帯の可処分所得の中央値より5割に満たない低所得割合を,二人親世帯と父親一人世帯,母親一人世帯で示した.母親一

表8 二人親世帯と一人親世帯の低所得割合

	1986年	1995年	2001年
二人親世帯	7.48	8.05	10.12
父親一人世帯	12.94	17.86	24.44
母親一人世帯	55.10	50.18	52.83

出所) 国民生活基礎調査 (1986年, 1995年, 2001年)

人世帯の過半数は明らかに低所得層にいる．母親一人世帯になることは父親一人世帯よりも高い経済リスクを伴う．しかし，父親一人世帯でも低所得割合は近年大きく上昇し，4分の1近くが低所得層であることも見落としてはならない．

岩田 (2004) は標準的生活様式を指数化し，貧困経験者は標準的生活様式から脱落しやすい (p. 224) と述べる．二人親を標準とするなら，一人親であることは標準から逸脱したライフスタイルともいえる．ここで単純に多数派が経験する (経験してきた) ライフコースを「典型」と捉えると，単独世帯や一人親世帯はその典型から外れた例となる．この典型から外れることが経済リスクを高くし，さらに女性の場合はそのリスクが加重される．この「典型からのズレ」は明らかにジェンダーを内包している．事実，ジェンダー間で世帯構造分布を見ると両者は大きく異なっており，女性が世帯主になること自体まだ珍しい．ただし「典型からズレ」ることは，女性だけの問題ではない．男性も未婚のままとどまること，離別をすることが高い経済リスクを伴う[12]．この多数派に対する少数派，「典

---

12) ここで，離別をすることによって低所得リスクが上がるのか，もともと高い低所得リスクを持っているものが離別をしやすいのかは，厳密に検討していない．これらを厳密に検討するには，大規模なパネル調査データをもってダイナミックに検証することが望ましい．ここでのポイントは，離別をすることと低所得リスクが高くなることが密接に関係していることにある．

型から外れた場合」を社会的にどう支えていくかが，本格的な少子高齢社会に向けた公的保障のあり方を考えるにあたってのキーとなる．

9 ─── 経済的リスクと世帯・ジェンダー

ライフステージごとに経済的不平等の程度をみると，高齢期における経済格差が縮小し低所得割合も改善されていた．それでも低所得割合が高齢層で低下したからといって，高齢層における低所得割合は若年・中年層に比べて依然高い．しかしながら今までどおり高齢者だからといういうことだけで一律に手厚いサービスを提供することは難しい．高齢者だからといって「給付される人」として安住できなくなる．一方，若年層，特に単独世帯を中心に，経済的リスクが大きく上昇している．公的保障を考えるにあたって，高齢者のみに偏った社会保障制度を見直す時にきていることは確かである．しかしながら，ここでいう制度の見直しとは，高齢層への保障を横並び的に単純カットすることを意味しない．社会保障を若年層や中年層も視野にいれたライフコースの中で，トータルな社会デザインとして構築すべきであることを強調したい．

これまで日本の社会保障制度は高齢者を中心に展開されてきた．これからは高齢者のみならず，幼い子を持つ世帯など若い世代に支援が必要とされている．これは人口学的な観点からいうと，全体社会の少数派に手厚い支援を与えようとする社会保障サービスの配分原理の方向転換である．高齢者の数は増えていく．多数決の立場をとれば，サイズの大きい高齢者の利益が優先されても驚くことはない．しかし，社会保障制度を支える現役層が相対的に縮小し負担能力が低下する中，多数派の高齢者をサイズが縮小する現役層が支えることを期待すること自体無理がある．これから，少数派のニーズ

を社会全体の中でどう支えあうかが重要であり，そのために公的保障に対する国民の合意を得るための努力が一層必要となる．

少子高齢化において注目すべきことは，これまで諸制度の基層にあった世帯の「標準モデル」の妥当性が低下したことである．具体的には，夫婦と未婚の子という核家族や年老いた親と同居する息子（娘）家族，といった世帯割合が減少し，一人暮らしや子どものいない夫婦のみ世帯，ひいては一人親世帯が増加している．二人の親がともに生活しない場合（一人親），家族と暮らさない場合（単独世帯）は，経済的に不利な状況にあることがわかった．さらにそこにはジェンダー格差が絡まっており，女性，特に高齢女性の単独世帯や母親一人世帯は，高い経済的リスクを負っていた．

人の生き方は多様になったと叫ばれるわりに，「標準」から外れたものへの底支えはまだ不十分である．これまでの標準モデルから外れたもの，多くがしない選択をしたことを，社会の中でどう支えていくかが，これからの少子高齢社会では一層重要になっていく．多数派による多数派の決定は，少子高齢社会の配分原理としてもはや適合しなくなった．そこでは少数派の利益も十分考慮にいれる新たな配分原理が必要となってくる．特定の「標準モデル」に賦与された既得権をいかに分散し，よりニーズの高いものに支援を振り分けていくかが，これからの少子高齢社会をデザインする際の中心的な課題となるであろう．人々の様々な生き様を受け入れるような分散型の生活保障を考えることが，これからの少子高齢社会には必要とされている．

【文献】

阿部彩・大石亜希子，2005，「母子世帯の経済状況と社会保障」国立社会保障・人口問題研究所編『子育て世帯の社会保障』東京大学出版会，143-161.

Acker, Joan, 1973, 'Women and Social Stratification : A Case of Intellectual Sexism,' *Amer-*

ican Journal of Sociology 78: 936-945.

Acker, Joan, 1980, 'Women and Stratification: A Review of Recent Literature,' *Contemporary Sociology* 9 (1): 25-35.

藤原千沙, 2003, 「母子世帯の就業状況：調査結果から得られる知見」日本労働研究機構調査研究報告書『母子世帯への母への就業支援に関する研究』177-211.

玄田有史, 1994, 「高学歴化，中高年齢化と賃金構造」石川経夫編『日本の所得と富の分配』東京大学出版会, 141-168.

玄田有史, 2001, 『仕事のなかの曖昧な不安 揺れる若年の現在』中央公論新社.

玄田有史, 2002, 「見過ごされた所得格差——若年世代 v.s. 引退世代, 自営業 v.s. 雇用者」『季刊社会保障研究』第 38 巻第 3 号: 199-211.

Goldthorpe, John H., 1983, "Women and Class Analysis: In Defense of the Conventional View," *Sociology* 17 (4): 465-488.

Goldthorpe, John H., 1984, "Women and Class Analysis: A Reply to the Replies," *Sociology* 18 (November): 491-499.

原純輔・盛山和夫, 1999, 『社会階層 豊かさの中の不平等』東京大学出版会.

樋口美雄, 1991, 『日本経済と就業行動』東洋経済新報社.

樋口美雄, 2004, 「デフレが変えた女性の選択」樋口美雄・太田清・家計経済研究所編『女性たちの平成不況』日本経済新聞社: 9-28.

岩本康志, 2000, 「ライフサイクルからみた不平等度」国立社会保障・人口問題研究所編『家族・世帯の変容と生活保障機能』東京大学出版会: 75-94.

岩田正美, 2004, 「デフレ不況下の「貧困の経験」」樋口美雄・太田清・家計経済研究所編『女性たちの平成不況』日本経済新聞社: 203-233.

国立社会保障・人口問題研究所, 2005a, 『人口統計資料集 2005』.

国立社会保障・人口問題研究所, 2005b, 『子育て世帯の社会保障』東京大学出版会.

小西秀樹, 2002, 「所得格差とジニ係数」宮島洋・連合総合生活開発研究所編著『日本の所得分配と格差』東洋経済新報社: 209-240.

小杉礼子, 2003, 『フリーターという生き方』勁草書房.

文部科学省生涯学習政策局, 2004, 『文部科学統計要覧』.

村上泰亮, 1977, 「新中間階層の現実性」『朝日新聞』5 月 20 日.

村上泰亮, 1984, 『新中間大衆の時代——戦後日本の解剖学』中央公論社.

永瀬伸子, 1997, 「女性の就業選択」中馬宏之・駿河輝和編『雇用慣行の変化と女性労働』東京大学出版会: 279-312.

永瀬伸子, 2003, 「母子世帯の母のキャリア形成，その可能性」日本労働研究機構調査研究報告書『母子世帯への母への就業支援に関する研究』日本労働研究機構: 239-289.

仁田道夫, 2003, 「問題の所在と本調査研究の意義」日本労働研究機構調査研究報告書『母子世帯への母への就業支援に関する研究』日本労働研究機構: 10-21.

大沢真知子, 1993, 『経済変化と女子労働』日本経済評論社.

大沢真里, 2002, 『男女共同参画社会をつくる』NHK ブックス.

太田清, 2005, 「日本の経済格差は広がっているか」『経済セミナー』607号:14-17.
大竹文雄, 1994, 「1980年代の所得・資産分配」『季刊理論経済学』第45巻第5号: 385-402.
大竹文雄, 2005, 『日本の不平等　格差社会の幻想と未来』日本経済新聞社.
大竹文雄・齊藤誠, 1999, 「所得不平等化の背景とその政策的含意:年齢階層内効果, 年齢階層間効果, 人口高齢化効果」『季刊社会保障研究』第35巻第1号:65-76.
佐藤俊樹, 2000, 『不平等社会日本　さよなら総中流』中央公論新社.
佐藤俊樹, 2005, 「若年層と「目に見える」格差」『経済セミナー』607号:28-31.
清家篤・山田篤裕, 2004, 『高齢者就業の経済学』日本経済新聞社.
社会保険研究所, 2002, 『女性と年金』.
下夷美幸, 1993, 「母子家庭への社会的支援」社会保障研究所編『女性と社会保障』東京大学出版会:247-266.
篠塚英子, 1982, 『日本の女子労働』東洋経済新報社.
篠塚英子, 1992, 「母子世帯の貧困をめぐる問題」『日本経済研究』第22号:77-118.
白波瀬佐和子, 2002, 「日本の所得格差と高齢者世帯—国際比較の観点から」『日本労働研究雑誌』第500号:72-85.
白波瀬佐和子, 2004, 「社会階層と世帯・個人——「個人化」論の検証」『社会学評論』第54巻第4号:370-385.
白波瀬佐和子, 2005a, 「政府への期待とジェンダー構造——政府への責任期待, 家庭内性別役割分業観と一人親世帯に着目して——」厚生科学研究研究費補助金政策科学推進研究事業『家族構造や就労形態等の変化に対応した社会保障のあり方に関する総合的研究』平成16年度総括・分担研究報告書:287-311.
白波瀬佐和子, 2005b, 『少子高齢社会のみえない格差　ジェンダー・世代・階層のゆくえ』東京大学出版会.
白波瀬佐和子, 2005c, 「高齢社会にみる格差——高齢層における所得格差と支援ネットワークに着目して」『社会学評論』第56巻第1号:74-92.
白波瀬佐和子, 2006, 「高齢期をひとりで暮らすということ——これからの社会保障制度をさぐる——」『季刊社会保障研究』第41巻第2号:111-121.
総務省統計局, 2005, 『労働力調査　報告書』.
橘木俊詔, 1998, 『日本の経済格差』岩波書店.
都村敦子, 2002, 「家族政策の国際比較」国立社会保障・人口問題研究所編『少子社会の子育て支援』東京大学出版会:19-46.
八代尚宏, 1983, 『女性労働の経済分析』日本経済新聞社.

3 中年齢無業者から見た格差問題

玄田有史

1 ── はじめに

　本書の各章に共通するテーマは，これまで格差問題としてはあまり語られてこなかったテーマ，いわば「見えていなかった格差問題」に焦点を当てていくことだという．なかでも，これから進展していく少子高齢社会を前提としたとき，今こそ目を向けるべき格差問題とは何なのかを，それぞれの視点から検討していくことになっているようだ．

　言うまでもなく，少子社会もしくは高齢社会とは，社会に生きる人々の年齢構成がより高年齢層を厚くするかたちでシフトしていくことを意味している．これまでの少子高齢化と格差の関連についての議論では，問題の中心にあったのは高齢者であり，そうでなければ若者だった．

　日本社会の所得分布が格差拡大の方向に進みつつあるかどうかについては，いまだに様々な議論があるものの，所得分散の大きい高齢者の占める対人口比率の上昇が，全体の格差を広げているという大竹（2005）の指摘は重要である．だとすれば，これからの高齢社会の進展は，それがみかけ上であったとしても格差拡大の傾向を強めていくことが予想されることになる．

　一方，内閣府経済社会総合研究所（2005）では，近年，若年間の所得格差が拡大しているという指摘もなされている．背景としては，

若年の就業が多様化したことで,正社員となった人々とそうでない人々との所得格差などが,若年全体の不平等化を進めているという.また,それ以外にも,在学中の段階ですでに若年間で意欲格差(インセンティブ・ディバイド)が拡大しつつあるという苅谷 (2001) なども,若年のあいだに広がる「見えない(もしくは見えにくい)階層問題」を鋭く指摘したものである.

このように,従来の格差問題のなかで,高齢者および若年についてはスポットライトが当てられてきたものの,その中間にあるいわゆる中間の年齢層へ目が向けられることは少なかったように思われる.また仮に注目されるとしても,中年齢層は比較的問題が少ないグループであるという認識が暗黙のうちに存在していたようにも感じられる.

たとえば就業機会の多寡を端的に表す失業率については,若年層について抜きん出て高く,同時に日本では 60 歳を中心として高齢層でも高水準にあるという特徴があり,その間にある中年層の失業率は相対的に低水準にあった.2000 年代に入り,希望退職や早期退職によって離職する中年が増えたことで中年層の失業率にも上昇傾向が見られはしたものの,それでも高齢者や若年に比べれば一貫して低水準にあったといえる.

一方,中年雇用者の賃金決定といえば,いわゆる成果主義的な賃金制度の普及によって格差が拡大傾向にあると考えられてきた.だが,厚生労働省「賃金構造基本統計調査(賃金センサス)」(第一巻・第三表)に示された賃金分散の指標である十分位(四分位)分散係数の推移を見ても,その拡大傾向はわずかである.唯一賃金分散の広がりがあるとすれば,大企業に勤める大卒男性といった高所得層の内部に限定した場合であり,そこには賃金制度の変更の影響が示唆される.ただし,中年層全体でみれば,賃金の相対的な減少

傾向が最も顕著なのも，所得最上位層である大卒中高年男性であり，その結果として全体の所得格差を抑制する方向に作用したともいえる（Genda 1998）．

このように考えると，就業機会の問題にせよ，所得格差の問題にせよ，中年層は格差が拡大するどころか，むしろ平等化の方向に進んでいたともいえる．

しかし，果たして本当にそうだといえるのだろうか．

たしかに，中年齢層も就業者に限定すれば格差の明らかな拡大はみられない．失業者の増加も限定的である．だが，そんな中年層のなかでは就業者でもなく，さらには失業者ではない無業者が増えつつある．失業者ではない無業者とは，すなわち中年層という働きざかりの年齢であるにもかかわらず，仕事に就くための活動を一切していない人々をさす．そんな就職活動をしていない中年齢層といえば，すぐに想起されるのは，専業主婦の中年女性であろう．ところが，実のところ，現在静かに，しかし確実に増えつつあるのは，仕事をしていない独身の中年層なのである．

そんな中年齢層に属する独身無業者とは，どんな人々なのか．それらの人々は，これからの高齢社会の全体のなかで，どのような存在となっていくのか．それは格差社会の進展とどのようにかかわりあうことになるのか．本章ではこれらの中年無業の問題について考えていく．

2 ──中年無業者について

まずは，本章で注目する無業者の定義について説明する．

総務省統計局が5年に一度，全国の約40万世帯を対象に実施している「就業構造基本調査」と呼ばれる統計調査がある．そこでは，ふだんの状態として，就業している人々はもちろん，無業の人々の

実態について詳しく調査されている．2004年から2005年に内閣府で実施された「青少年の就労に関する研究会報告（2005年7月）」に掲載されている就業構造基本調査の特別集計結果の一部を引用しながら，中年無業者について検討していく．

まず中年齢層の範囲であるが，ここでは35歳以上50歳未満に着目する．フリーターやニートなどの若年研究の対象範囲が主として15歳以上35歳未満であることから，そのすぐ上の世代である35歳以上50歳未満を，以下では中年齢層もしくは，単に「中年」と呼ぶことにする．

次に無業者の定義であるが，それは就業構造基本調査の定義にしたがい，「ふだん収入を伴う仕事をしていない」人々のことを，無業者と呼ぶことにする．仕事をしていない人としては，学校（専門学校や職業訓練などを含む）に通学している人々もいるが，ここで考える無業者からは除いて考えることにする．また専業主婦の問題と区別するために，配偶者がいる人々も，以下で検討する無業者からは除くことにする．すなわち，ここで考える中年齢層の無業者とは，「ふだん収入を伴う仕事をしておらず，さらには通学中ではなく，配偶者のいない35歳以上50歳未満の人々」を意味する．

これらの無業者を，就業希望の表明状況と求職活動の状況によって，さらに3つのタイプに分類していく．まず上記の無業者のなかには，仕事をしていないとしても，「収入になる仕事に就きたい」と就業を希望しており，実際に仕事を探していたり，開業の準備をしている人たちがいる．これらの無業者を，以下では「求職型」の無業者と呼ぶことにする．このうち，仕事を探しているというのは，仕事があった場合，その仕事にすぐ就くことができる場合に限られているため，求職型の無業者は，総務省統計局「労働力調査」で調べられている完全失業者の定義とほぼ一致することになる（違いは，

求職型無業者がふだんの状態についてのものであるのに対し，完全失業者が月末一週間の状態についてのものである点にある).

また無業者のなかには，就業を希望していながらも，仕事を探したり，開業の準備などを実際にはしていない人々がいる．これらの人々は求職活動をしておらず，また求職活動の結果を待っている人々も含まれないことから，一切，統計上の「完全失業者」とはカウントされないことになる．以下では，これらを「非求職型」の無業者と呼ぶ．

さらに無業者としては，求職型や非求職型のように仕事につきたいという就業希望を表明していない人々も含まれる．就業希望を持たない以上，これらの人々も求職活動は行っていないと考えられる．そのために，これらの就業希望を持たない人々も，非求職型と同様，やはり失業者には含まれないことになる．これらの就業希望を表明していない無業者のことを，「非希望型」の無業者と定義する．

就業構造基本調査では，調査設計上，まず「ふだん収入になる仕事をしている」か否かで分類し，仕事をしていない人を「仕事をしたいと思っている」か否かでさらに分類する構造となっている．その上で，「したいと思っている」人に限定して「仕事を探している」か否かをたずねる構造となっている．そのため，中年齢層の無業者は，求職型，非求職型，非希望型のいずれかに必ず分類されることになる．

同様の無業者の分類は当然，35-49歳だけでなく，すべての年齢階層についても可能である．玄田（2005）では，上記の定義を35歳未満の若年無業について適応し，無業者の分析をしているが，そこでは非求職型と非希望型の総称を，いわゆる「ニート」として定義している．その意味では，ここで見る中年齢層の無業者は，希望型である「中年失業者」と，非求職型と非希望型を合わせた「中年

ニート」から構成されていると考えられる.

3 ── 中年齢無業者層と性別, 学歴, 地域

図1には, 先に定義した中年齢層の無業者(通学, 有配偶を除く)と, さらに3つのタイプに分類したときの, それぞれの推移を示したものである. 就業構造基本調査の現時点 (2005年) での最新調査年は, 2002年であり, 図には1992年, 1997年, 2002年について, それぞれ集計した結果が示されている.

図の左端に示されたのが, 中年齢の無業者全体であり, その数は2002年で89.3万人に上っている. 35歳から49歳全体に占めるその比率は, 3.7%に達していた計算になる. 同じ中年無業者を, 1992年と1997年について求めると, それぞれ53.3万人と62.0万人であり, 増加傾向にあることが見て取れる. とくにその増加幅は, 1992年から97年にかけての8.7万人増に比べて, 1997年から2002年の27.3万人と, 近年になって急増していることがわかる.

そのような中年齢層の無業者数の増加を主にもたらしたのは, 3つのタイプのうち, 失業者に相当する求職型である. 求職型が, 92年には14.9万人にすぎなかったのが, 97年には24.2万人に増え, さらに2002年になると40.7万人にまで拡大している. 90年代後半から不況が深刻化するなかで, かつてないほど中高年失業者が生まれることになった. その変化がここに明確に現れている.

ただ図1のなかで, 最も衝撃的であると思われるのは, 中年の独身無業者が増えつつあるのだが, その過半数は求職活動をしていない人々によって占められているということである. 89.3万人のうち, 54%に相当する48.6万人は, 求職活動をしていない非求職型の無業者であるか, さらには就職希望を表明していない非希望型の中年層である. 35-49歳全体のうち, 求職型は1.7%であるのに対

3 中年齢無業者層と性別,学歴,地域　　　　　85

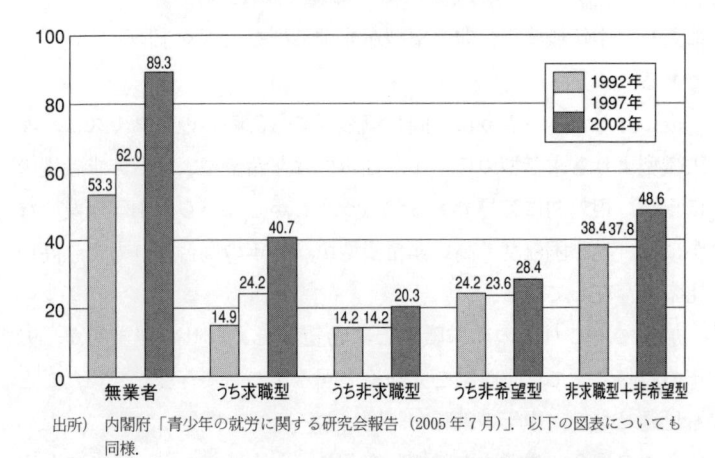

図1　35歳から49歳に占める無業者（通学,有配偶を除く）とその内訳の推移（万人）

出所）内閣府「青少年の就労に関する研究会報告（2005年7月）」．以下の図表についても同様．

し，非労働力とみなされる非求職型と非希望型は全体の2.0%を占めている．

さらに驚くべきこととしては，そのような非労働力のなかでも多いのが，就業希望はありながらも職探しをしていない非求職型ではなく，むしろ働き盛りの中年齢層にありながら就業希望を表明していない非希望型であるということだろう．非求職型の無業は，92年，97年と約14万人で推移していたのが2002年には20万人強まで増えていた．一方で，非希望型は，92年と97年時点でもすでに約24万人存在し，非求職型を上回っている．さらに2002年になると非希望型は28万人強まで増えている．

ちなみに，若年の無業者を同じように類型化した玄田（2005）では，35歳未満の無業者のうち，過半を占めるのは求職型であることを指摘した．それに対して，中年齢層の場合には非求職型と非希望型の和が求職型を上回っている．さらに若年無業の場合，2002年時点では，非求職型と非希望型の人口はほとんど拮抗していたの

に対し,中年無業では非希望型が非求職型を大きく上回っているのである.

後に詳しくみるように,同じ無業者でも就職へのアクセスは,非求職型よりも求職型のほうが,さらには非希望型よりも非求職型のほうが,相対的に容易であるだろう.しかしながら,中年無業のなかには,就職困難度の高い非希望型が,若年の場合よりもより高い比率で存在している.

加えて,これらの非求職型と非希望型をあわせた無業者が,92年の段階ですでに求職型を大きく上回るかたちで存在していたことも見逃せない.中年の就職が話題になるとき,問題とされていたのは多くの場合,失業中で職探しをしていた人たちでだった.これらの非労働力にカウントされる人々はほとんど無視されていたのである.

就職からより遠く離れたこれらの中年無業者の実態とはどのようなものなのだろうか.

4 ─── 中年齢無業者層の実態

そこで詳しく中年無業者の実情を,最新時点である 2002 年についてより詳しく見ていく.

最初にその性別を確認しておく.89.3 万人の中年無業のうち,男性は 47.0 万人,女性は 42.3 万人と,男性のほうが多くなっている(繰り返すが,ここには専業主婦の女性は含まれていない).タイプ別では,求職型と非求職型の男性は,それぞれ 23.2 万人と 10.4 万人となり,同じタイプの女性よりも多くなっている.一方,非希望型についてのみ,女性の数が男性をやや上回っており,女性が約 15 万人,男性が 13.4 万人となっている.

次に最終学歴別の構成を示したのが,図 2 である.35 歳から 49

4 中年齢無業者層の実態

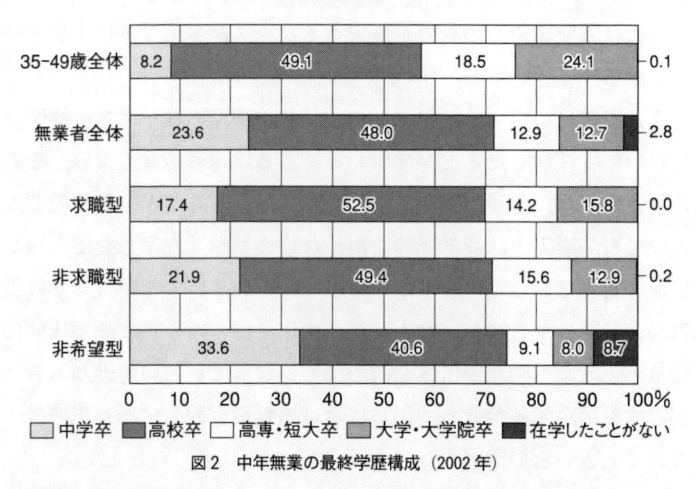

区分	中学卒	高校卒	高専・短大卒	大学・大学院卒	在学したことがない
35-49歳全体	8.2	49.1	18.5	24.1	0.1
無業者全体	23.6	48.0	12.9	12.7	2.8
求職型	17.4	52.5	14.2	15.8	0.0
非求職型	21.9	49.4	15.6	12.9	0.2
非希望型	33.6	40.6	9.1	8.0	8.7

図2 中年無業の最終学歴構成（2002年）

歳全体では，高校卒がおよそ半数の49.1%を占めているのだが，中年無業全体で見ても高校卒は48.0%と，その比率にほとんど違いがみられない．その一方で，高校卒以外の構成は大きく異なっている．35-49歳全体では，大学・大学院卒は24.1%と，約4人に1人となっているのだが，中年無業者のなかで大学・大学院卒は12.7%と10ポイント以上低くなっている．さらに高専・短大卒（専門・専修学校卒も含む）の割合も，全体に比べて無業者は低くなっている．その結果として，中年無業者では，中学卒が23.6%と，中年齢層全体に比べても3倍近く高い比率を占める結果となっている．

さらに中年無業を3つのタイプ別にみると，中学卒の占める割合は，非希望型，非求職型，求職型の順に高くなっており，非希望型に至っては，3人に1人の最終学歴が中学卒（高校中退を含む）となっている．反対に大学・大学院卒は，求職型，非求職型，非希望型の順に高くなっている．これらの結果は，受けた学校教育年数の短い人ほど，無業者になった場合に就職活動を行わない傾向があり，

さらには就職希望そのものを喪失するケースが多くなることを示唆している．

また詳細については不明であるが，非希望型のなかには最終学歴について「在学したことがない」と答える場合も少なくない．その背景としては，かつて登校拒否などの経験があるなど，義務教育においても，事実上，通学経験を持たない人々が「在学したことがない」と答えている場合が多いのかもしれない．青少年時代に学校教育を十分受けてこなかった人々が，中年になったときに無業状態に陥ると，就業への希望自体を持ちにくくなっている可能性がある．だとすれば，学校教育の中年時における就業に対して持つ影響は，改めて大きいというべきだろう．

続いて中年無業の地域別の特徴を見たのが，表1である．都道府県別にみたとき，35歳から49歳人口全体に占める中年無業の比率が全国で最も高いのは沖縄県であり，6.5％に達している．それに次ぐのが鹿児島県（5.2％），高知県（4.8％），青森県（4.6％），大阪府（4.6％）となっている．反対に中年の無業比率が低い県としては，石川県（2.0％），福井県，滋賀県，三重県，富山県（いずれも2.6％）と，国土の中央部分に近い地域に集中している．

ただし，無業を，「求職型」と「非求職型＋非希望型」の2つに区分してみると，都道府県別の順位に少なからず変動が見られる．無業者を二つに分けた場合でも沖縄県が抜きん出て人口比が高いことは変わらないものの，それ以外の順位は大きく違っていたりする．たとえば，東京都は求職型比率の高さは全国5位であるが，非求職型と非希望型の和については全国28位と必ずしも高い部類には入らない．神奈川県，大阪府，福岡県などでも，求職型の順位はそれ以外よりも遥かに高いことを考えると，中年齢層にとって比較的就業機会の多い大都市部を抱える地域では，非労働力になるよりは求

表1 都道府県別無業者類型推定人口（35-49歳，2002年）

	無業者			求職型			非求職型＋非希望型		
	人数(千人)	人口比	順位	人数(千人)	人口比	順位	人数(千人)	人口比	順位
全国	892.8	3.7		406.6	1.7		486.2	2.0	
北海道	35.1	3.2	33	15.3	1.4	28	19.9	1.8	33
青森県	13.4	4.6	4	6.1	2.1	6	7.3	2.5	11
岩手県	11.4	4.2	12	4.4	1.6	22	7.0	2.6	9
宮城県	17.9	3.9	18	10.1	2.2	4	7.8	1.7	37
秋田県	7.8	3.5	28	3.9	1.7	15	4.0	1.8	35
山形県	6.9	3.0	41	3.0	1.3	37	3.9	1.7	39
福島県	15.2	3.7	20	7.1	1.7	14	8.1	2.0	24
茨城県	18.3	3.2	35	7.6	1.3	33	10.7	1.8	31
栃木県	13.9	3.5	27	6.6	1.7	21	7.3	1.8	30
群馬県	14.1	3.7	21	6.6	1.7	16	7.5	2.0	25
埼玉県	50.0	3.7	24	23.3	1.7	19	26.8	2.0	27
千葉県	32.8	2.8	42	14.5	1.2	39	18.4	1.6	41
東京都	98.0	4.1	14	51.1	2.1	5	46.9	1.9	28
神奈川県	52.3	3.0	38	26.2	1.5	25	26.0	1.5	45
新潟県	17.4	3.8	19	8.3	1.8	12	9.2	2.0	22
富山県	5.2	2.6	43	2.0	1.0	45	3.2	1.6	40
石川県	4.3	2.0	47	2.4	1.1	41	1.8	0.9	47
福井県	4.0	2.6	46	1.5	1.0	44	2.4	1.6	42
山梨県	5.7	3.4	30	2.2	1.3	34	3.5	2.0	20
長野県	14.4	3.6	25	6.0	1.5	26	8.4	2.1	19
岐阜県	12.9	3.3	32	5.2	1.4	32	7.7	2.0	23
静岡県	26.9	3.7	22	9.4	1.3	36	17.4	2.4	13
愛知県	43.1	3.2	34	17.7	1.3	35	25.4	1.9	29
三重県	9.0	2.6	44	3.2	0.9	47	5.8	1.7	38
滋賀県	6.6	2.6	45	2.6	1.0	43	4.0	1.6	43
京都府	20.5	4.4	7	8.5	1.8	11	11.9	2.6	10
大阪府	74.7	4.6	5	36.1	2.2	3	38.6	2.4	12
兵庫県	40.8	3.9	17	19.5	1.9	10	21.3	2.0	21
奈良県	9.5	3.6	26	5.4	2.0	7	4.1	1.5	44
和歌山県	6.0	3.1	36	1.9	1.0	46	4.1	2.1	17
鳥取県	3.5	3.1	37	1.9	1.7	20	1.6	1.4	46
島根県	3.9	3.0	40	1.3	1.0	42	2.6	2.0	26
岡山県	11.7	3.4	29	4.6	1.4	30	7.1	2.1	18
広島県	17.5	3.4	31	8.4	1.6	23	9.1	1.7	36
山口県	7.9	3.0	39	3.1	1.2	40	4.7	1.8	32
徳島県	6.7	4.5	6	2.4	1.6	24	4.3	2.9	5
香川県	6.7	3.7	23	2.5	1.4	29	4.2	2.3	14
愛媛県	11.9	4.4	9	3.8	1.4	27	8.0	3.0	3
高知県	6.8	4.8	3	2.8	2.0	8	4.0	2.8	6
福岡県	41.0	4.4	10	24.4	2.6	2	16.6	1.8	34
佐賀県	6.6	4.0	15	2.9	1.7	13	3.7	2.3	15
長崎県	12.5	4.4	8	4.9	1.7	17	7.7	2.7	8
熊本県	14.3	4.1	13	4.8	1.4	31	9.6	2.7	7
大分県	9.4	4.3	11	2.9	1.3	38	6.6	3.0	4
宮崎県	8.7	3.9	16	3.8	1.7	18	4.9	2.2	16
鹿児島県	17.5	5.2	2	6.6	1.9	9	11.0	3.3	2
沖縄県	17.8	6.5	1	7.7	2.8	1	10.1	3.7	1

職型になりやすいことを意味しているのだろう.

さらには求職型人口よりも非求職型および非希望型人口が多いという傾向は,都道府県別にみてもほとんどの地域で確認できる.例外的に求職型が非求職型と非希望型の総和人口を上回るのは,東京都,福岡県,宮城県といった大都市を抱える地域の一部と,石川県や奈良県といった「中年ニート」人口比率が全国的にもきわめて低い地域に限られている.中年層においては,非求職や非希望といった問題が,職探し中の失業者を上回る規模の問題になっているのは,ほとんどの都道府県に共通したものとなっている.

5 ──── 仕事に就いた経験

就業構造基本調査は,現在の就業に関する状態を調べるだけでなく,過去から現在にわたる就業経験についてもつぶさに調べている点に特徴がある.

現在,無業状態にある中年齢層でも,過去に就業経験を持っている場合がある.たとえばかつては雇用者として働いていたのが,会社都合もしくは自己都合によって離職し,現在は働いていないといった場合もある.反対に,学校を卒業後から若年時代を通じて一貫して就業経験を持たず,中年に差し掛かっている場合もあるだろう.そこで,就業構造基本調査の特性を活かし,中年無業者全体とそれぞれの三類型ごとに「過去に一度も仕事をした経験のない割合」を求めたのが,表2である.

2002年時点の無業者全体において,今までに仕事をしたことがない割合は23.4%と,およそ4人に1人がこれまで働いた経験を持っていない.その割合は,年齢階層を30代後半,40代前半,40代後半に分けてみても,違いはみられない.

ただ,その割合は,1992年には38.4%にのぼり,1997年でも

表2 今までに仕事をしたことがない割合 (%)

2002年	無業者計	求職型	非求職型	非希望型
35-49歳全体	**23.4**	**3.9**	**14.6**	**57.6**
35-39歳	23.5	4.5	17.7	65.6
40-44歳	23.3	3.3	14.1	56.7
45-49歳	23.3	3.5	12.2	51.9
1997年	無業者計	求職型	非求職型	非希望型
35-49歳全体	**31.5**	**9.5**	**22.2**	**59.8**
35-39歳	31.9	9.2	28.2	65.9
40-44歳	32.1	9.9	23.1	61.4
45-49歳	30.9	9.3	17.6	55.5
1992年	無業者計	求職型	非求職型	非希望型
35-49歳全体	**38.4**	**12.1**	**25.6**	**62.1**
35-39歳	38.3	14.0	31.2	63.6
40-44歳	40.5	12.6	26.5	64.7
45-49歳	35.5	8.0	18.7	57.4

31.5%に達しており,趨勢的には低下傾向がみられる.就業経験を一切持たない中年層を,その人口で示すと,20.4万人(1992年),19.6万人(1997年),20.9万人(2002年)と,安定して20万人前後で推移している.それにもかかわらず過去に就業経験のない人々の割合が低下している背景には,中年層のなかで,不況のなかで離職を余儀なくされた人々が無業プールへ流入してきたことの影響が大きいのだろう.

さらに過去に就業経験のない割合は,同じ現在無業でも,3つの類型によって違いがみられる.求職型は,非求職型や非希望型に比べて,就業経験を持たない割合は低く,1992年から2002年の間での低下傾向も著しい.以前に就業していた経験を持ちながら様々な理由によって離職し,現在,新たな職を求めて求職活動をしている人々が,求職型には特に多いのだろう.

非求職型についても,求職型ほどではないにせよ,仕事に就いた

経験のない割合は比較的低い．2002年時点でも，就業経験のない割合は14.6％と，8割以上が過去に就業経験を持っている．さらに年齢層が高まるにつれて，就業経験のない割合は低下する傾向も示している．

反対に，過去に就業経験を持たない割合が抜きん出て高いのが，非希望型の無業者層である．2002年の時点で，非希望型全体の実に57.6％，人口としては16.3万人が，中年となった現在まで，過去に就業した経験を持っていない．年齢が高まるにつれて，その割合は若干低下する傾向があるものの，40代後半層での非希望型の51.9％が依然として就業経験を持っていない．働く希望を表明していない人々の多くは一時的に就業を望んでいないのではなく，若年齢層に属していた頃から継続的に無業状態を続けていることがわかる．

ただし，求職型と同様，非求職型と非希望型についても，2002年では，1992年および1997年に比べて，若干ではあるが，就業経験を一切持たない割合にゆるやかな低下傾向も示されている．そこには，離職後に再就職を求めながら，就職先が確保されず，結果的に職探しを断念もしくは中断しているケースが反映されているのだろう．反対に，離職前に十分な収入源を確保しており，新たに職探しをする必要が経済的にはなくなった中年も一部ではあるが見られるのかもしれない．この点を確かめるために，後の節で世帯収入と無業類型の関係についても検討する．

6 ─── 求職活動をしない理由

収入との関係を見る前に，そもそも非求職型の無業者が求職活動をしていないのかを確認しておきたい．実際，就業構造基本調査では，職探しをしていない人々について「仕事を探したり，開業の準

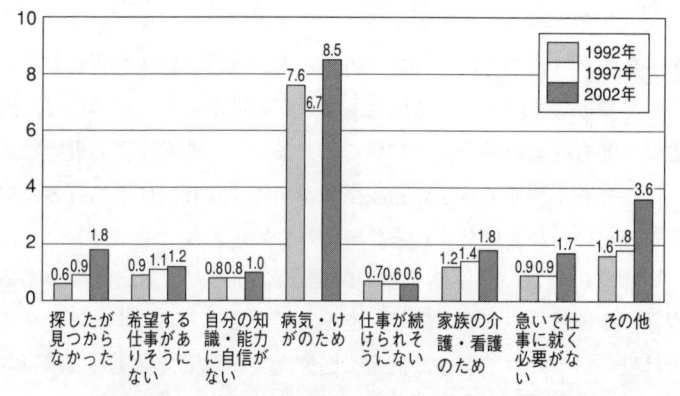

図3 仕事につけない理由（非求職型，35-49歳，万人，単一回答）

備をしていない（主なものに一つ回答）」理由を尋ねている．図3に，その非求職型の中年無業について，仕事に就けない理由別人口を示した．

この図から，非求職型の中年無業者が職探しに至らない最大の理由が，病気やけがを抱えている点にあることがわかる．2002年時点での20.3万人の非求職型のうち，実にその41.9%が「病気やけがのため」であることを，求職を断念した理由に挙げている．2002年に限らず，1992年と1997年の両年についても，病気もしくはけがは，働けない理由の最多となっている．

この結果の持つ政策的含意は大きい．中年齢層の無業者を就業状態に移行することが求められるとすれば，そのためには何よりもまず健康状態の回復，改善を促すような健康対策もしくは医療対策こそが必要であることを物語っている．

そのためには一体どのような傷病にあるのか，その具体的な状態が知りたいところであるが，残念ながら就業構造基本調査では具体的な傷病名までは問われていない．ただ，病気やけがで働けない人の内訳をみると，前職のある人々が7.3万人，前職のない人が1.2

万人と，多くが働いた経験を持つ．非求職型には就業経験を持つ人が多数であったことなどと併せ考えると，職場で健康を害した結果として働けなくなっている場合も多い可能性がある．さらには，過去に一度も就業経験を持たないことも多かった非希望型の健康状況についても不明である（非希望型について「なぜ，仕事に就きたいと思わないのか」はたずねられていない）．

いずれにせよ，中年無業者の問題が，90万人にも迫りつつある現在，その就労や自立に向けた支援を考えるべきだとすれば，そこでは就業対策だけでなく，健康や医療面での対応を考慮した福祉対策からの視点が今こそ検討されなければならないだろう．

無論，中年無業を就職へと促すためには，職業紹介や能力開発，カウンセリングといった雇用政策も，重要であることは言うまでもない．図3をみても「探したが（仕事が）見つからなかった」「希望する仕事がありそうにない」「自分の知識・能力に自信がない」といった理由もそれぞれ増えており，中年齢者層に対しても，若年者層や高齢者層と同様，実効性あるきめ細かい雇用対策が求められている．

さらに図3をよくみると「家族の介護・看護のため」というのも増加傾向を見せている．2000年の介護保険制度の成立によって，家族のみによる介護の負担は軽減される方向に舵が切られた．しかし，そんな環境整備を上回るスピードで高齢社会も進行しており，総合的にみたときには介護による負担によって，30代から40代といった働き盛りにありながら仕事に就くことができない人々は増加傾向にある．その意味では，さらなる介護保険制度の充実をどのようなかたちで実現するかも，中年無業問題の解決に向けて重要な論点となるだろう．

ただ，その一方で，すべての中年齢層の無業者が，健康面，就業

面，介護面などの制約によって，望まない無業状態となっているわけでもない．図3のなかで「急いで仕事に就く必要がない」といった理由を選択している人々は少数派ではあるが，その数は2倍近く増加している．仕事に就く必要がない理由を素朴に想像すると，そこには働かなくても十分に生活できるほどの経済的余裕がある場合が増えているのかもしれない．この点についても，次の無業者の所得分布に関する考察から検討してみたい．

7 ──── 中年無業と世帯収入

就業構造基本調査のなかには，世帯全体の年間収入（税込み）について問われている項目がある．ここで問われているのは「ふだんの収入」であり，相続，贈与や退職金などの臨時収入は含まれない．さらに対象とされているのは「実質的な収入」であり，預貯金を引き出して得た現金収入や，土地や家屋，証券などを売却した結果としての収入などは含まれない．含まれるのは，安定的に得られると考えられる賃金・給料，事業収入，家賃・地代，利子・配当，仕送りなどである．

現在無業である中年齢者本人は，当然，賃金や給料などの雇用者としての所得の他，自営業や経営者としての事業収入などを得ることが出来ない状況にある．その分，無業者の属する世帯は，就業者世帯に比べて世帯収入は抑制され，経済状況は苦しいと考えられるが，その状況にどのような変化が起こりつつあるだろうか．

ただその反面，無業者が必ずしも低収入であるとは言い切れない可能性もある．過去の就業活動などを通じて十分な資産を蓄積した結果として，就業を望まなくなって無業となっている中年層もいるかもしれない．近年，金融分野の就業者のなかには，様々な金融資産の活用や商取引によって短期間に多額の資産収入を獲得する人々

も増えつつあるという．それらの十分に収入を確保した人々であれば，早い段階で「仕事に就く必要がない」と非求職型になったり，「仕事に就きたいと思わない」非希望型になることも考えられる．実際，そのような資産活用などによる高収入の中年無業者が，一方で生まれつつあるのだろうか．

図4には，35-49歳が属する世帯のうち，世帯年収200万円未満となっている世帯が占める割合を求めてみた．図の左端は，35-49歳が属するすべての世帯に占める200万円未満世帯の割合である．その割合は，1992年，1997年と3.4％で横ばいだったのが，2002年になると，5.5％とわずかではあるが高まっている．

では無業者に限定してみた場合はどうだろうか．1992年の段階で，年収200万円未満の割合は全体の42.7％と高い．さらにその比率は97年には43.5％へと上昇し，2002年には47.2％と，全体の半数に迫る勢いとなっている．年収200万円未満ということになると，その家計の経済状況はゆとりのあるものとはいえないだろう．中年無業者のいる世帯では，そんな経済的に余力のないケースが，90年代になって増えつつある．

さらに中年無業を3つの類型に区分したときに際立っているのが，非希望型における200万円未満の低所得者比率の増大である．1992年の段階では，3つの類型のうち，200万円未満の割合が最も低かったのは非希望型であり，反対に最も高いのが非求職型だった．それがその後，非希望型のなかでの200万円未満割合が大きく上昇し，2002年では無業者の三類型のなかでその割合が最も高くなっている．

同じ統計調査を用いて，15歳から34歳の若年無業者と世帯収入の関係を調べた場合でも，1992年から2002年にかけて非希望型における低所得者増大はきわめて顕著であった（内閣府「青少年の就

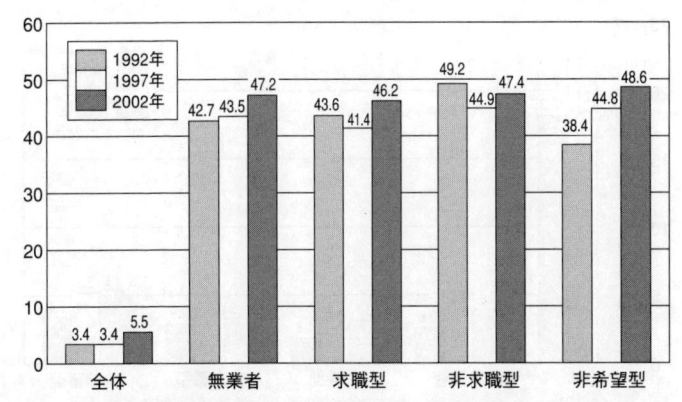

図4 世帯年収200万円未満の世帯割合（35-49歳の属する世帯，%）

労に関する研究会報告」(2005年))．その意味で，非希望型の無業者ほど，低所得世帯に属する傾向が強まっているという傾向は，若年層と中年層に共通している．年齢に関わらず，低所得者世帯ほど，働くことへの希望を失っている非希望型の無業者が増えているのである．

続いて，図4とは反対に，今度は所得水準の高い世帯の占める割合をも確認しておこう．図5には，世帯年収が1,000万円以上である高所得世帯の割合を計算した結果が示されている．就業者を含む35-49歳全体でみると，雇用者のうちでも特に賃金水準が高くなる層である部分を含むことを反映してか，世帯全体として1,000万円を超える割合は2割前後と高い．特に，未だ中高年の雇用や賃金調整が本格化する2000年代初めの前の段階にあった1997年において1,000万円以上の割合が特に高くなっている．

それに対し，中年無業者に限定すると，年収1,000万円以上の割合は全体の5%にも満たない．92年，97年と3.9%だったのが，2002年には2.6%にまで下がっている．

3つの無業者類型のうち，1,000万円以上比率の低下が大きいの

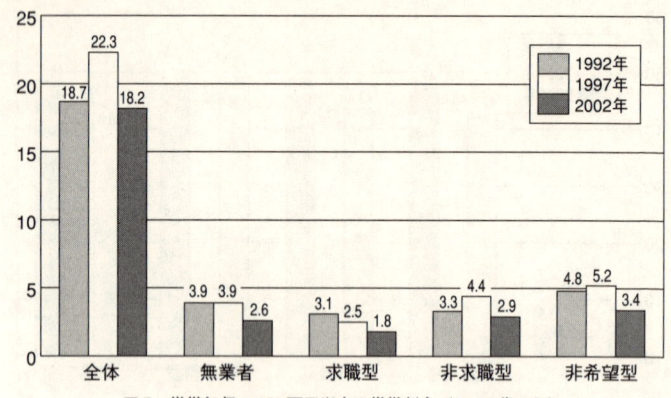

図5 世帯年収1,000万円以上の世帯割合（35-49歳，％）

は，求職型である．2002年の段階では1,000万円以上の割合は1.8％と少なく，経済的に余裕のある状況のなかで職探しをしている中年層はほとんどといっていいほど存在しない．

非求職型や非希望型のなかにも，総年収1,000万円以上の世帯がいくらか存在するが，それでもその割合が高かったときでも97年の非希望型の5.2％がせいぜいである．さらに非求職型と非希望型とに共通して，1,000万円以上世帯の割合は低下している．その意味では，やはり全体としては経済的に余裕のあるなかで無業状態となっている中年は少ないというのが現状だろう．

8 ── 高所得無業者層の出現

このように，中高年無業は全体的としては厳しい経済状況にあるのがほとんどであり，けっして働かない自由を満喫している層であるとは言えない．しかし，無業状態と世帯収入の関係において，世帯構成の問題を考慮すると，別の姿が見えてくる．

定職を持たず，経済的に苦しい多くの無業者は，生計を他の家族によって支えられている．特に，ここで見てきたような配偶者を持

表3 世帯主種類・世帯収入別割合 (2002年, %)

世帯主の種類	無業者			求職型			非求職型			非希望型		
	全体	親	本人	全体	親	本人	全体	親	本人	全体	親	本人
200万円未満	47.2	25.4	69.0	46.2	25.4	63.8	47.4	26.6	69.8	48.6	24.7	77.0
1,000万円以上	2.6	4.3	6.5	1.8	3.4	7.1	2.9	4.8	5.6	3.4	5.2	6.1
構成比	100.0	48.2	46.5	100.0	46.6	49.2	100.0	49.1	45.7	100.0	49.6	43.2

(1997年)

世帯主の種類	無業者			求職型			非求職型			非希望型		
	全体	親	本人	全体	親	本人	全体	親	本人	全体	親	本人
200万円未満	43.5	24.3	67.3	41.4	21.8	61.4	44.9	24.7	71.0	44.8	26.4	71.9
1,000万円以上	3.9	5.6	0.3	2.5	4.2	0.2	4.4	5.8	0.0	5.2	6.9	0.7
構成比	100.0	45.3	47.0	100.0	43.5	50.7	100.0	47.1	45.6	100.0	46.2	44.0

(1992年)

世帯主の種類	無業者			求職型			非求職型			非希望型		
	全体	親	本人	全体	親	本人	全体	親	本人	全体	親	本人
200万円未満	42.7	26.8	61.5	43.6	25.7	59.2	49.2	27.6	68.4	38.4	27.0	58.1
1,000万円以上	3.9	6.0	0.3	3.1	6.7	0.0	3.3	6.9	0.0	4.8	5.1	0.9
構成比	100.0	39.7	49.9	100.0	37.4	54.3	100.0	35.9	55.5	100.0	43.2	43.9

たない,いわゆる独身の無業者の場合,親との同居もしくは親からの仕送りによって生計を維持していると思われる.実際,中年齢の無業者が属する世帯のうち,親が世帯主となっている場合は少なくない.

表3には,無業者類型を,世帯主が「親」であるか,それとも無業者「本人」であるかによって区分したときの世帯年収比率が示されている.さらに表のなかには,各世帯の構成比も示されている.

無業者全体でみると,2002年の場合,本人が世帯主の場合が46.5%であるのに対し,親が世帯主の場合が48.2%と,かなりの割合の中年無業者が親と同居していることが示唆される.しかも親

が世帯主である割合は，1992年には39.7%，97年には45.3%であり，世帯主の親と同居する中年無業の割合は上昇傾向にあることもわかる．

ただし，無業者の3タイプのなかで比べると，求職型について親が世帯主である割合が低く，反対に本人が世帯主である割合は高い．親に経済的に依存することが出来ず，本人が世帯主として自ら生計を立てていかなければならない状況が，就職活動へと駆り立てているのが，多くの求職型の現状だろう．そのような求職型に比べれば，非求職型や非希望型の中年ニート自身が世帯主である割合は低い．

さらに表から，無業と世帯年収の関係を，親が世帯主となっている場合に限って観察してみる．表3には，図4と図5に示された世帯年収が200万円未満と1,000万円以上の割合をそれぞれ，世帯主の種類別に掲げている．

ここからは，親が世帯主である無業者全体の特徴として，年収が1,000万円以上の割合が低下傾向にあることが見て取れる．1,000万円以上の低下は，親が世帯主の求職型と非求職型について，同様の傾向がみられる．反対に，親が世帯主の無業者のなかで，年収200万円未満の割合については，はっきりとした趨勢的な傾向をみることができない．唯一，親が世帯主の非希望型のみ，200万円未満の割合のわずかな低下傾向が見られるくらいである．

それに対し，年収200万円未満の割合に明確な上昇傾向が見られるのは，無業者本人が世帯主の場合である．本人が世帯主である無業者全体では，200万円未満の割合は，1992年に61.5%だったのが，1997年に67.3%となり，2002年には69.0%まで上昇している．

本人が世帯主である無業者のなかで，特に200万円未満割合の上昇が大きいのは，やはり非希望型である．1992年には58.1%だっ

たその割合が，2002年になると77.0％と，20ポイント近くも上昇している．親との離死別を含む様々な理由によって，親との同居を選択できず（もしくは「せず」），自ら世帯主となって生活している中年無業，時に非希望型の無業者は，2002年時点において実に8割近くが年収200万円未満となっているのである．

だが，その一方で，本人が世帯主である無業者に限ると，年収が1,000万円以上の割合が2002年になって急増していることもわかる．本人世帯主の中年無業のうち，年収1,000万円以上は，1992年，1997年のいずれも0.3％と，ほとんど存在していなかった．それが2002年になると，6.5％と大きく上昇している．すなわち，本人世帯主の無業のなかで，年収200万円未満の低所得層が増える一方で，同時に年収1,000万円以上の高所得層も増えており，無業のなかの二極化構造が進んでいるのである．

本人世帯主のうち，年収1,000万円以上の割合は，無業者のいずれのタイプについても大きく増えていることも特徴的である．一定の所得を獲得しながら，さらにより高所得や高い満足を求めて就職活動をしている求職型もいれば，働く気持ちはあるが高い経済力もあって急いで働く必要がないと余裕を決め込む非求職型もいるのだろう．さらには，50歳未満の若い年齢にしてすでに就業からの引退を宣言する非希望型も，2000年代に一定数出現しているようにみえる．

全体としては経済的な困難を抱えることの多い中年無業ではあるが，2000年代になって，一部にはそんな高所得無業層も発生しているのである．

9 ───むすびにかえて

本章では，中年無業者，より正確には学卒・独身であり，ふだん

仕事をしていない35歳以上50歳未満といった中年齢層の人々について，その特徴を「就業構造基本調査」の特別集計結果を用いて明らかにしてきた．そのなかで特に重要と思われる事実としては，以下のような内容が挙げられる．

1990年代以降，若年無業のみならず，中年齢層の独身無業者も増えつつある．その数は2002年時点で89万人にのぼる．そのうちの49万人は，働くことを希望していながら職探しをしていない「非求職型」もしくは，働く希望を表明していない「非希望型」である．若年無業では職探しをしている「求職型」が多かったのに対し，中年無業では「非求職型」もしくは「非希望型」が過半数を占める．これらの求職活動をしていない人々は，職探しをしている失業者にはカウントされず，その状況についての検討や考察が十分に進んでこなかった人々であり，そのための対策も十分に検討されてこなかった．

ここでの分析からは，学校教育年数の短い人ほど，無業者になった場合に就職活動を行わない傾向があることや，就職希望そのものを喪失するケースが多くなることなども指摘された．さらに中年齢層のなかで非求職や非希望といった非労働力人口が職探し中の失業者を上回る規模の問題になっているのは，ほとんどの都道府県に共通していることなどもわかった．

さらには2002年時点で中年無業者のおよそ4人に1人は，過去に一切就業経験を持たないことも明らかとなった．その割合が抜きん出て高いのが，非希望型であり，全体の57.6%，人口としては16.3万人が，中年となった現在まで一度も就業した経験をもっていないという事実も見られた．

加えて非労働力のうち，非求職型の中年無業者が職探しに至らない最大の理由として，多くが病気やけがを抱えていることもわかっ

た．中年無業者の就業を実現するためには，健康状態の回復，改善を促すような健康対策もしくは医療対策こそが重要であり，その就労や自立に向けた支援としては，就業政策や介護政策などに加えて，中年齢層本人のための健康や医療面での対応を考慮した福祉対策の充実が求められる．

また中年無業と世帯収入の関係をみると，経済的に余力のない世帯が増えつつあることも確認できた．特に低所得者世帯の割合は，働くことへの希望を失っている非希望型の無業者のなかで大きく増えていることを示す結果も得られた．

これらの結果のなかで読者の多くが疑問に感じるのは，何故，低収入であるにもかかわらず，中年無業者の多くが，働くことへの希望を失っている非希望型の無業者となっているのかということだろう．考えられる可能性としては，非求職型の多くのように，病気やけがといった背景を抱えている場合が，非希望型でも多いのかもしれない．また教育年数が短いことが多いそれらの人々に対しては，適当な労働条件の仕事が提示される機会が限定されており，結果的に働くことへの関心を失わせているのかもしれない．さらに過去から現在にわたって働いてこなかったことから，自分にはもう無理だと働くことを断念し，「別に働かなくてもいい」と自らの状況の正当化に走っている可能性もある．それともまた別の理由があるのかもしれない．

そして中年齢層の無業者のなかには，すでに多くの資産を若い段階で形成し，働かなくても十分に経済的な余裕のある中年層も生まれ始めているきざしも見逃がせない．同じ無業者のなかでも，そのなかには大きな格差，しかも解消がきわめて困難な格差が横たわっている．

もし，今後，中年無業者として，これらのごく一部である裕福な

層がクローズアップされることになり，中年無業への対策は不要であるといった社会的雰囲気が醸成されるならば，圧倒的多数を占める生活困難な状況を抱える中年無業問題は軽視されることにもなりかねない．今後，中年齢層の無業者について，あるべき対策を検討するためには，まずは詳しい中年無業者の実態調査を，より一層進めていくことが何より求められている．

【謝辞】

本章の分析は，筆者も参加した内閣府「青少年の就労に関する研究会報告（2005年7月）」に基づいている．同研究会における総務省統計局「就業構造基本調査」の特別集計は，内閣府共生政策担当室で行われたものである．担当室の方々，特に伊藤まゆ氏のご協力に心より感謝申し上げる．

【文献】

大竹文雄，2005,『日本の不平等』日本経済新聞社．
苅谷剛彦，2001,『階層化日本と教育の危機』有信堂高文社．
玄田有史，2005,『働く過剰―大人のための若者読本』NTT出版．
Genda, Yuji, 1998, "Japan: Wage Differentials and Changes since the 1980s," in *Wage Differentials: An International Comparison*, pp. 35-71, edited by T. Tachibanaki, Hampshire: Macmillan Press.
内閣府，2005,「青少年の就労に関する研究会報告」．

4 少子高齢化時代における教育格差の将来像
義務教育を通じた再配分のゆくえ

苅谷剛彦

1 ── 問題の設定

　少子高齢化という人口動態の変化は，教育にどのような影響を及ぼすのだろうか．人口変動の影響は，教育を通じて社会的，経済的格差に，どのようなインパクトを与えるのか．本章は，これらの問いに対し，義務教育の費用負担という問題に焦点を当て検討するものである．

　なぜ，義務教育の費用負担なのか．この問題設定を理解するためには，義務教育がどのような社会的役割を担っているか，さらに，少子高齢化がそこにどのような変化を及ぼしうるのかについて，あらかじめ説明しておく必要がある．ここではまず，①社会経済的格差へのアプローチとして，義務教育に着目することがどのような意味をもつのかを説明し，次に，②少子高齢化がそこに及ぼす影響のメカニズムについての見通しを示す．

　はじめに①の問題について検討しよう．周知のとおり，日本において，義務教育は，憲法および教育基本法によって，「機会均等」の原則と「無償制」の原則を謳った，すぐれて平等主義的な理念に基づいて位置づけられている．憲法26条には，「すべて国民は，法律の定めるところにより，その能力に応じて，ひとしく教育を受ける権利を有する．すべて国民は，法律の定めるところにより，その保護する子女に普通教育を受けさせる義務を負う．義務教育は，こ

れを無償とする.」とある.

これを受けて教育基本法第3条では,「(教育の機会均等)」として,「すべて国民は, ひとしく, その能力に応ずる教育を受ける機会を与えられなければならないものであって, 人種, 信条, 性別, 社会的身分, 経済的地位又は門地によって, 教育上差別されない. 国及び地方公共団体は, 能力があるにもかかわらず, 経済的理由によって修学困難な者に対して, 奨学の方法を講じなければならない.」とある. 教育を受ける権利自体を保障するとともに, 教育を受ける機会は「人種, 信条, 性別, 社会的身分, 経済的地位又は門地によって」差別されないものとして保障されている.

さらに, 憲法のいう「法律の定めるところ」として, 教育基本法第4条（義務教育）で,「国民は, その保護する子女に, 九年の普通教育を受けさせる義務を負う. 国又は地方公共団体の設置する学校における義務教育については, 授業料は, これを徴収しない.」と規定している.

高校教育や高等教育といった義務教育以後の教育とは異なり, 国や地方自治体は, 義務教育のために「普通教育」を行う学校の設置を義務づけられ, すべての国民が,「その保護する子女」に9年間の「普通教育」を受けさせる義務を負う. つまり,「ひとしく教育を受ける権利」のなかでも, 教育のもっとも基底的な土台となる部分を, 普通教育（general education）として規定しているのである. ここでいう普通教育とは, すべての国民に共通に必要とされる教育のことであり, まさに general（一般的）な教育を指している. つまり, 教育の機会均等という場合に, その内容の点でも, 共通の普通教育を保証することが義務教育を通じた教育機会の均等と考えられているのである.

それだけではない. 義務教育については, 憲法が無償とすると規

1 問題の設定

定しているほか、それを実効あるものとするために、1952年に「義務教育費国庫負担法」が制定されている。そこには、この法律の目的として、「義務教育について、義務教育無償の原則に則り、国民のすべてに対しその妥当な規模と内容とを保障するために、国が必要な経費を負担することにより、教育の機会均等とその水準の維持向上を図ること」が謳われている。つまり、義務教育の「妥当な規模と内容」を保障し、「教育の機会均等とその水準の維持向上を図る」ために、その経費を国が負担するという、一歩つっこんだ制度を用意することで、教育の機会均等を実質化しようとしているのである。

ここでは法律論議をしたいのではない。国による義務教育費の負担が実際にどのように行われているか。そこにはどのような社会的価値が埋め込まれているか。こうした問題を改めて論じることで、義務教育の費用負担と格差問題との接点を明らかにすることが目的である。この点についての詳しい議論は次の節で行うが、通常、社会学の社会移動・階層研究などで教育機会が問題にされるときに、どの段階まで（あるいは何年間）の教育を受けたかが問題となる。それに対し、義務教育は、社会移動・階層研究では「定数」と見なされることが多い。大多数の人びとがそれを受けているという点において、まさに、機会の平等が保証されていると見なしてきたのである。とくに日本の社会移動・階層研究においては、義務教育について、機会の差異はないという暗黙の了解が前提とされているようである。その前提のとらえ直しを含めて、次節では、義務教育の社会的意義を、資源の再配分と教育機会の配分という視点から検討する。

続いて、②の問題、すなわち、少子高齢化が義務教育の費用負担にどのように影響するのかについても、概略を述べておこう。ここ

で問題として取り上げるのは,児童生徒数の減少をもたらす少子化の影響と,教育人件費の高騰をもたらす教員の高齢化という二つの現象である.

子どもの数が減れば,教育にかかる費用も減る.そういう常識がまかり通っている.しかし,実際の義務教育費は,ほうっておけば教職員の高齢化によって上昇する可能性が高い.詳しい分析は3節で行うが,これら2つの現象が同時に起これば,子ども一人あたりの義務教育費は,教育の質の改善があろうとなかろうと自動的に増大することになる.

それが,社会経済格差の問題と結びつくのは,子どもの数の推移においても教職員の高齢化のスピードと規模においても,さらにはそれを支える財政力においても地域間で大きな違いがあるからである.国による資源再配分のあり方如何によっては,少子化と教職員の高齢化が義務教育の費用負担に影響を及ぼし,しかも義務教育という「教育の機会均等」の土台を侵食していく.それが実際にどのように生じるのかは,4節で詳しい分析を行うが,以上から,少子高齢化の趨勢のもとで,義務教育の費用負担について検討する意義については,ある程度理解を得られたであろう.

2 ───資源再配分装置としての義務教育

この節では社会経済的格差問題にとっての義務教育の社会的意義について,教育機会の配分と資源の再配分という視点から論じる.そのためには,そもそも義務教育は,どのような,そしてどのように,教育の機会均等の土台となりうるかについて,考察を加える必要がある.

日本の義務教育は小学校から始まる.何歳から義務教育をはじめるか.ここには,子どもの社会化をめぐるそれぞれの国家の選択の

結果が反映している．かつてのイスラエルのキブツのように，子育ての共同化を進めれば，乳幼児期から家族を離れた育児や教育という形態もありうる．それに対し，6歳から始まる日本の義務教育は，それ以前のしつけや教育は，家族の責任とすることを前提にしている．そして，小学校に入学以後，子どもの社会化と教育を，家族と学校とが分担する仕組みを取っている．義務教育が始まるからといって，家族の教育上の責任がなくなるわけではない．依然として，子どもは大部分の時間を家族と過ごす．いうならば，子どもが生まれ育つ家族の養育権を保証した上で，義務教育制度は，「その保護する子女に普通教育を受けさせる義務」を負わせているのである．

こうした役割分担は，社会制度上，一つの問題を生じさせる．「教育の機会均等」のために，義務教育の「妥当な規模と内容」をどの程度保障するか．その保障の程度が，「人種，信条，性別，社会的身分，経済的地位又は門地」による差別とならないのはどの範囲か，という問題である．この問題を解決するための手段の一つが，義務教育の制度化のあり方にある．ここでは，この問題を，子どもの社会化が行われる空間の問題として考えてみよう．

子どもが生まれ育つ家族も，家族が居住する地域も，子どもは選べない．子どもにとっては所与である．とりわけ，幼少年期の生活空間はけっして広くはない．家族と近隣，そして学校が生活の中心的な空間となる．つまり，子どもの社会化は，地域社会という狭い空間の圏域内で行われる．

このことと関連して，社会学の社会移動・階層研究をみると，地域という変数と，義務教育を受ける場所という変数についての見直しができる．これまでの研究では，出身階層（親の学歴や職業，所得など）や，生まれ育つ地域（都市圏か農村部かなど）は，個人の代表的な「属性」要因として扱われてきた．個人にとっては選ぶこ

とのできない「所与」として，非獲得的な特性として，出身階層と地域は「属性」的変数を代表するものだった．

それに対し，義務教育を含めた教育は，社会移動・階層研究では個人の「業績」を示す要因と見なされてきた．学歴取得後に，「教育」が属性的な要因となるという主張（梶田　1981）はあるが，どのような地域で義務教育を受けるかという問題は，はたして個人にとって「属性」といえるのか，それとも「業績」に関係する要因なのか．本章で扱う義務教育を教育機会の配分や，資源再配分の視点からとらえ直す意味は，こうした疑問と関係している．

もちろん，アメリカの社会移動・階層研究においては，教育の地方分権が進んでいることを前提に，どこで義務教育を受けるかを個人が選択できない「属性」的要因として見なす研究がある．どういう地域で義務教育を受けたのかが，その後の社会移動のチャンスに影響を及ぼすと考えられているからである．そうした研究は，公立学校の財政的，教育的特徴に着目した，有名な『コールマンレポート』以来枚挙にいとまがない．アメリカにおいては，もともと学区ごとに教育の財政事情が大きく異なり，そのことが，学校の施設・設備面だけでなく，教員の給与水準にも影響し，ひいてはそれらが子どもの教育達成に影響を及ぼすと考えられているからである (Coleman 1966, Jencks *et al.* 1973)．

さらには，学校の人種構成が教育達成に重要な影響を及ぼしているという研究成果をふまえて，バス通学による人種非隔離政策や，マイノリティの家族を白人居住区に移住させる住宅政策などを通じた人種融合策が実際に取られてきた．どこに居住し，どの地区の公立学校で教育を受けるのかが，子どもの教育達成に影響し，ひいては社会移動のチャンスをも左右する．そのように考えられていることから取られてきた政策である (Rosenbaum *et al.* 1987)．

次の表1はニューヨーク州の例である．一例としてニューヨーク州をあげたが，この表が示すように，それぞれの学校区ごとに財政事情は大きく異なっている．もっとも豊かな学区だと，児童生徒一人あたりの公立学校教育費は，1万8千ドルを超えるのに対し，貧しい学区では8,000ドルにも満たない．それを反映して，教員給与にも大きな格差があり，それが，教員の退職率とも連動している．この表からは，さらに，財政面で連邦政府の寄与が小さいこと，州政府に依存する度合いの強い地域ほど，児童生徒一人あたりの教育費が少ないこともわかる．教育の地方分権化の進んだアメリカでは，義務教育段階でも，これだけの格差がある．だからこそ，義務教育段階の公立学校に支給される教育費の差異が，社会階層・移動研究において，注目されてきたのである．

このようなアメリカの例を見ると，子どもが生まれ育つ地域という変数には，そこで子どもが受ける義務教育の水準や質が暗黙のうちに含まれていることがわかる．あるいは，地域という変数とは別立てに，学区という変数を入れたり，義務教育段階の学校の特性を変数としたりする研究が，教育と社会移動の研究にあることも理解できる．そして，アメリカの場合，貧しい地域に生まれ育つか，豊かな地域に生まれ育つかは，地域社会からの影響に留まらず，学校区の教育費の差異を通じた義務教育の水準や質の差異を含んでいる．それゆえ，教育の機会均等がいわれるとき，学校区の財政的な差異を縮小することが，一つの政策目標となるのである（たとえば，Kozol 1991）．

こうしたアメリカの例を比較対象におくと，日本における地域や義務教育という変数の性格が，アメリカとは異なることがわかる．義務教育段階の学校の財政事情やそれに対応した施設・設備，あるいは教員集団の特性といった変数をあえて取り出すことなく，義務

表1 ニューヨーク州の学区ごとに見た児

学区	Great Neck	Scarsdale	Malverne	Chappaqua	Hempstead	Yonkers City	Cold Spring Harbor
学区の性格							
支援の必要度	低	低	平均	低	高	高	低
地理的条件	郊外	郊外	郊外	郊外	郊外	都市	郊外
児童生徒一人あたり公立学校教育費(2001年)	$18,566	$15,725	$15,603	$15,051	$14,506	$14,109	$14,059
政府の負担率(2001年)							
連邦	2%	1%	4%	1%	6%	8%	1%
州	11%	13%	34%	17%	50%	64%	13%
学区	88%	86%	62%	81%	45%	29%	86%
教員の平均給与(1999年)	$81,819	$87,311	$66,094	$76,740	$62,615	—	$66,152
教員の離職率(1999年)	7%	5%	15%	9%	14%	12%	14%

注) 学区の性格はニューヨーク州教育局の資料に基づく．「支援の必要度」は英語を母多いほど「高」いことを示す．
出所) The University of the State of New York, *The State Education Department*, Schools: Submitted June 2001.
U.S. Department of Education (NCES), *Public School Districts Finance Peer*
なお，本資料は，中央教育審議会義務教育特別部会に苅谷が提出した資料を一部省略した

教育段階以上の教育達成（学歴水準）を変数に組み込むことで，教育と社会移動の研究が行われてきた．それで十分であったのも，義務教育が行われる場所（site）によって，その後の教育達成や社会移動のチャンスが左右されるという認識が広く共有されていなかったからであろう．特に，義務教育については，どこでそれを受けるかは，その後の教育達成に影響を及ぼすとは考えられてこなかったのだろう．裏返せば，それだけ，「教育の機会均等」にとって，義務教育の「妥当な規模と内容」の保障が，「人種，信条，性別，社会的身分，経済的地位又は門地」による差別とならない範囲に設定されていると見なされていたのである．

このことを義務教育の財政的な制度の問題としてみると，資源再配分としての義務教育の役割が，少なくとも日本においては，アメ

童生徒一人あたり公立学校教育費（2001年）

	Garden City	Roosevelt	Rochester	New York City	Sewanhaka Central HS	Canton	South Colonie	Portville	Lion	Tioga
	低	高	高	高	平均	高	平均	平均	高	高
	郊外	郊外	都市	都市	郊外	地方	郊外	地方	郊外	郊外
	$13,817	$13,258	$12,225	$11,628	$11,492	$10,728	$9,945	$9,056	$8,390	$7,989
	1%	8%	12%	10%	1%	6%	2%	5%	7%	7%
	12%	63%	63%	52%	29%	70%	35%	78%	79%	76%
	87%	29%	25%	39%	69%	23%	63%	18%	14%	17%
	$65,000	—	$40,404	$51,020	$72,448	$43,220	$46,856	$41,569	$39,455	$39,216
	6%	6%	11%	19%	13%	15%	11%	7%	12%	13%

語としない児童生徒や障害を持つ児童生徒など特別な教育支援を必要としている児童生徒が

A Report to the Governor and the Legislature on the Educational Status of the State's

Search（*http://nces.ed.gov/edfin/search/search_intro.asp*）
ものである．資料の作成にあたっては文部科学省初等中等教育局財務課の協力を得た．

リカよりも，広く暗黙の支持を受けてきたといえる．後に詳しく見るように，日本の場合，戦後60年のほとんどの時期において[1]，公立小中学校の教育条件を平準化する努力が取られてきた．つい最近まで，1学級あたりの人数も国が標準を決め，子ども数に応じて何人の教員を配置するのかも，国が標準を決めていた．そして，それにかかる費用のほとんどを，国が負担してきた[2]．さらには現在でも，教える内容については国が法的拘束力を持つとされる学習指導要領を通じてスタンダードを定め，文部科学省の検定を通った教

---

1) ただし，シャウプ勧告により地方財政平衡交付金制度に吸収された時期（1950-52年）を除く．
2) 国により教育費の財政を調整する仕組みとしては，後述の義務教育国庫負担金制度と，普通交付税とがある．

科書が無償で配布されている．義務教育の水準や質が，全国どこでも同じようになるように，国が基準を設け，それを可能にする財政支援を行ってきたのである．もちろん，それが「画一教育」「中央集権的教育」として批判を浴びてきたことは，周知の通りである．それでも，義務教育の水準や質を平準化するために，子ども一人あたりに換算すれば地域ごとに異なる額の教育費をそれぞれの地域に配分してきた．ここには，資源再配分の機能を担ってきた義務教育の社会的役割が示されている．

このように標準化の進んだ義務教育を，全国的に提供することを，教育の機会均等と見なしてきた背後には，ひとつの思想があったといえるだろう．地域社会の特性を超え，子どもの社会化空間を公立小中学校を通じて均質的なものとする．そのことによって，機会の均等を図ろうという考え方である．それがどのような特徴を持つのか．ここでは，この問題を「社会空間論」の視点から検討してみたい．

すでに殿岡貴子（2004）が，社会空間論の議論を援用して先駆的に論じたように，社会学や教育社会学を含む近代社会理論の多くは，実際には地域ごとに異なる多様な空間的な差異を消去し，「普遍性・広範性・一般性に裏付けられた均一空間」として，「近代社会に特有の一元的空間を想定」してきた．それゆえ，「国土地理あるいは全体社会に一致する一つの実態としての近代社会空間が暗黙裡に前提とされるだけでなく，そもそも教育社会学では社会空間自体を問題化する必要性を持ちえてこなかったといえる」のであり，そこに，「空間を消去することでより社会学的な言説を構成し，教育現象と空間を体系化することを抜きにしても研究を進めることが可能であったという事情を垣間見ること」ができる（殿岡　2004，144頁）．

殿岡の研究の意図は，こうした均一空間としてしかとらえられていなかった教育社会学における「地域」概念のとらえ直しにあるのだが，ここでは，そこまで踏み込んだ議論はしない．むしろ，その手前の問題として，「近代社会に特有の一元的空間」という近代的な社会空間の認識のあり方を，社会化空間や教育機会の均等の問題とつなげて考えてみたい．

義務教育段階の学校に典型的なように，学校教育制度があまねく国民国家を覆うようになることは，学校的な社会化を行う空間と時間の標準化が進み，「近代社会に特有の一元的空間」（そして時間）が想定されるようになることにほかならない．このような一元的空間の想定は，すでに殿岡が，「大学進学率の地域格差」問題に焦点を当てて批判的に論じたように，機会の均等という，これまた近代社会の原則といくつかの点で関係を持つ．すなわち，義務教育段階の学校による社会化空間の一元化は，同一の教育条件・学習環境を提供することを意図してとられてきた政策の結果であり，言い換えれば，教育を通じた業績・達成（achievement/performance）のための条件をできるだけ均等であると見えるようにすることで，社会的選抜において同じスタートラインに立ったと見なす，そういう前提を提供するものである．

教育の機会，それも普通（基礎）教育である義務教育段階の機会を均等にする政策を近代国民国家がとろうとする場合，何が「教育機会の均等」を意味するのか．義務教育への就学という機会を国民にあまねく無償で与えることで，機会均等が図られたことになるのか．それとも，そこで行われる社会化の空間的・時間的な均質化を進めることまでが含まれるのか．後者までを射程におけば，社会化空間の均質化は，教育という機会の均等化をどのように実現するかという制度化の問題とつながってくる．義務教育段階の公立学校を

どのように制度化するかは，そうした意味で，子どもの社会化空間の均質化を通じて，義務教育の「妥当な規模と内容」をどの程度保障するかという問題と関係しているのである．そして，義務教育の規模と内容をどの程度保証するかは，教育の機会均等がどの程度実現しているかを目に見える形で示す，制度化の過程でもあるのだ．

さきにアメリカの事例を見たように，そこにはそれぞれの国民国家による制度設計上の選択の余地がある．そして，戦後日本の場合には，教員の資格や質，学級規模，カリキュラム，教科書・教材，施設・設備といった多くの面において，学校という社会化の場と時間を，できるだけ均質化する努力がなされてきたのである．

先にも述べたように，アメリカのように教育の分権化が進んだ社会においては，公立学校の立地する地域や公立学校の質が，社会移動・階層研究においても重要な変数と見なされてきた．それに対し，日本の研究では，義務教育の質を左右するものとして地域という変数が重視されることはほとんどなかったし，公立小中学校の質を教育機会の差異と見なす研究もほとんどなかった．裏を返せば，そういう必要を感じさせずに，社会移動・階層研究において「定数」として扱ってよいほど，義務教育の標準化と均質化が進んでいると認識されていたのである．

ここから一歩踏み込んで，この問題を教育財政の問題として社会学的にとらえ直してみよう．同一の教育条件・学習環境の平準化が，教育機会の均等を保証することとどのように結びついているか．その結びつきを可視化する上で，財政の役割に注目するのである．義務教育国庫負担金制度を社会学的な視点から理解しようという試みは，この問題に一つの答えを与えようとするものである．

ところで，現実には多様性をもつ「地域」の空間的特徴は，そこで進行する子どもたちの社会化にも当然ながら異なる影響を与える．

しかし，学校という教育の場を設定することで，社会化のある部分を標準化することは可能である．とくに，学業に関わる認知的社会化 cognitive socialization においては，学校がもっぱらその場となるだけに，標準化される部分の占める余地は大きくなる．

そのために，人，モノ，カネ，情報，時間——これらの資源を，地域の空間的特徴によらずに均質化しようとするのが，義務教育の「妥当な規模と内容」の保証を通じた教育機会均等の制度化である．その財政的裏づけを確保すると同時に，財政を通じた資源の再配分（それがどのように行われているかは次節で分析する）を通じて，逆に，均質性が担保されていることが，金銭タームで示される．その結果として，社会化が行われる学校空間の教育条件を同質化することが，機会の均等を保証していると見なされるようになる．少なくとも，国民国家がそのように主張する根拠となる．つまり，財政（税金というお金）を通じた資源の再配分は，空間の差異を消去し，国民国家が，一元的社会化空間を作り出していることへの正当性の基盤を提供しているのである．言い換えれば，地域の財政事情によらず，国家が教職員の人件費を保証する義務教育国庫負担金制度や，教職員の定数の標準化を図る教職員標準定数法といった制度は，国の財政を通じて義務教育の機会均等を保証する，資源再配分の象徴的な仕組みといえるのである．

どの地域で学ぼうと，義務教育を受けたことが社会移動・階層研究にとっては「定数」と見なせる．それほどまでに教育機会の均等が保証されていることを，財政的な裏付けを通して示すことによって，社会的選抜において，人びとが，地域によらず同じスタートラインに立っているという印象を与えることができる．つまり，国家財政の裏付けを得た社会化空間の均質化を通じて，初期の機会が同じであることが可視化されるのである．財政を通じた資源再配分と

いう国民国家の政策は、その意味で、学校を通じた業績主義的選抜の公平さを印象づける役割を果たしていることになる．

このように見ると、教育条件の均質化は、いったん、同一の機会が与えられていることを目に見えるように可視化している．しかし、それにとどまらず、そこで提供される条件が同じであることをもとに、今度は（実質的な）教育機会の差異を消し去り、機会の実態を不可視化するという作用が同時にはたらいてもいる．どこでどのような義務教育を受けたかが「定数」として扱われることで見逃されるのは、こうした機会の可視化と不可視化の二重性である．

3 ── 資源はどのように再配分されるか

これまで、義務教育の機会を保証することの意味を、社会学的な視点から再検討してきた．ここでは、実際に日本の義務教育が、どのような財政的な裏付けをもって「機会の均等」を実現しているのか．そのために、資源の再分配がどのように行われているのか．さらに、そうした制度に変更が加えられた場合に、何が起きるのかについて、分析をしてみよう．

はじめに、義務教育費国庫負担金制度について簡単に説明をしよう．この制度は、義務教育国庫負担法に基づき、公立の義務教育諸学校の教職員の給与および諸手当のうち、都道府県が支出する実支出額の2分の1（2006年度からは3分の1に変更）を、義務的経費として国が負担する制度である．人件費の算出に当たっては、これとは別の制度である「義務標準法」によって、児童生徒数および学級数に応じて教職員定数の標準が定められている．この数をもとに各都道府県が支払う教職員の総人件費が決まるが、その実支出額の半分を国が負担しているのである．

しかし、国による義務教育の人件費負担はこれだけではない．実

際には,地方交付税を通じても,国税が義務教育の人件費を支えている.東京都などの不交付団体を除き,ほとんどの府県は地方交付税による財源調整を受けている.財政力の弱い地方公共団体に対し,教育費に特定しないこの財源調整の仕組みを通じても,義務教育の平準化のために国税が使われているのである[3].これらの制度,とりわけ,義務教育の教職員人件費に特化して支出される義務教育負担金制度は,先に述べた国家による資源再配分の一端を担っている.

それでは,実際に,義務教育の教職員人件費の支出は,どのような資源再配分としての役割を果たしているのだろうか.そして,その役割は,今後どのように変化していくのだろうか.ここでは,施設・設備費のようなストックへの支出ではなく,また,一人あたりにならせば全国的に差のない無償制の教科書への支出ではなく,教育の質にもっとも関わりを持つ教職員への人件費というフローに着目する.教育の担い手を財政的に支える人件費の配分を対象に据えることによって,義務教育を通じた教育機会の均等政策が,どのように資源の再配分に寄与しているのかを分析するのである.

ここでは,都道府県を単位に,児童生徒数,教職員数といった基本統計を用い,さらには2004年度の実支出額ベースでの義務教育の人件費をもとに,児童生徒一人あたりの義務教育人件費を算出した.最初にこのデータを使い,現状の資源再配分がどのように行われているのかを見てみよう.

図1は,47都道府県について,児童生徒一人あたりの義務教育

---

[3] 地方交付税による財源の調整が行われる場合,義務教育の人件費については,義務標準法により決められた教職員定数と,国が基準とする標準給与表によって基準財政需要額が算出され,交付税に組み込まれる.ただし,交付税の場合,使途が指定されていないため,実支出額が需要額を下回る県も少なくない(文部科学省による2003年度の『地方教育費調査』によれば小学校では21県,中学校では24の県が需要額に対する実支出額の割合が1.0を下回る).

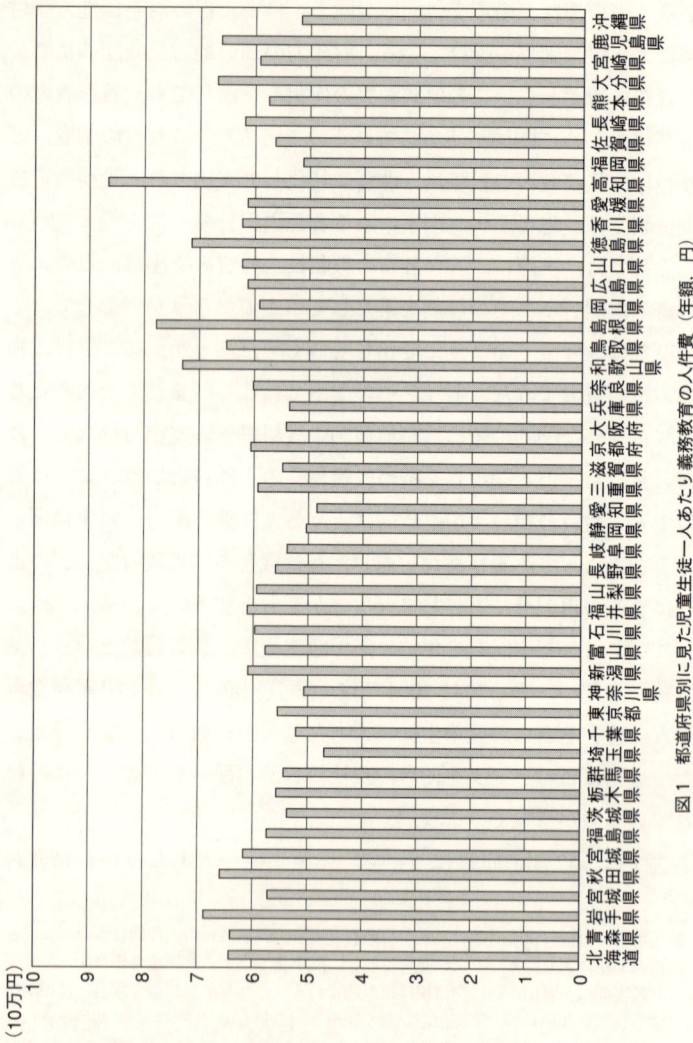

図1 都道府県別に見た児童生徒一人あたり義務教育の人件費（年額、円）

人件費(年額,給与,諸手当,退職手当等)を算出したものである.グラフからわかるように,実支出額ベースで見ると,義務教育にかかる人的費用には都道府県間で大きな格差があることがわかる.最高は,高知県の86.5万円であり,最低は埼玉県の46.9万円である.両者の間には1.8倍の格差がある.47都道府県の平均は59.7万円,標準偏差は7.5万円である.最大の県と最小の県とで1.8倍の格差があるということは,「教育の機会均等」として,義務教育の「妥当な規模と内容」を保障するために,それだけの資源を国が再分配していることを意味する.

もちろん,こうした人件費の実支出額ベースでの格差は,主には学校規模や学級規模の違いによって生じている.たとえ小規模の学校でも,義務標準法によって一定数の教職員を配置することが義務づけられている.だからこそ,そこにかかる費用を国が2分の1負担する法律とセットとなって,義務教育の「妥当な規模と内容」を地域によらず保障していることになるのである.

図2は,2001年度の財政力指数[4]を横軸に取り,2004年度の児童生徒一人あたり義務教育人件費を縦軸に取り47都道府県をプロットしたものである.

この図から明らかなように,都道府県の財政力と,児童生徒一人あたり義務教育人件費とは逆相関の関係にある.相関係数を算出すると,-0.656となる.つまり,財政力の弱い県ほど,一人あたりの教育費がかかるということであり,それだけ国による資源の再配分が義務教育を通して行われているということである.

つぎに,公立小学校のうち,2003年度の僻地校率と2004年度の

---

[4] 財政力指数とは,全国の地方公共団体の財政力を同じ尺度で測るための指数で,普通交付税上の基準財政収入額を基準財政需要額で除して得た数値の過去3年間の平均値.1以下だと収入に対して歳出が上回ることを示す.

(10万円)

2004年度一人あたり人件費

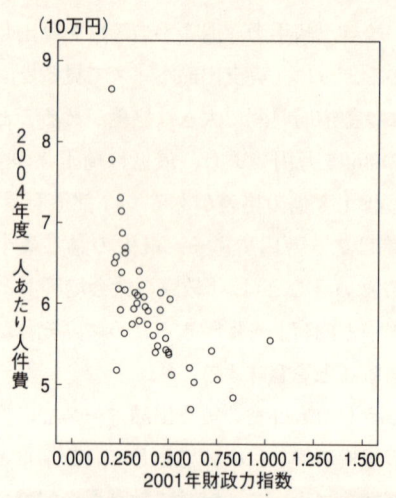

0.000　0.250　0.500　0.750　1.000　1.250　1.500
2001年財政力指数

図2 財政力指数と児童生徒一人あたり義務教育人件費との関係

児童生徒一人あたり義務教育人件費との関係を見てみよう．図3に示すように，今度は正の相関関係が見える．相関係数は，0.698とかなり高い．僻地校の割合が高いほど，児童生徒一人あたりの義務教育費がよりかかる関係が見て取れる．たとえ，小規模校になっても，国が財政的なテコ入れをすることで，義務教育における教育条件を均質化しようとする，そうした政策の表れが，この図に示すような関係である．

以上から，現状において，義務教育の均質化を図るために，都道府県間での義務教育費の格差を国が補填していることが明らかとなった．次の分析課題は，将来，少子高齢化がいっそう進む中で，こうした格差がどのように変化するか，それを推定することである．

4 ── 義務教育人件費の将来予測

現状において，都道府県間で義務教育にかかる児童生徒一人あた

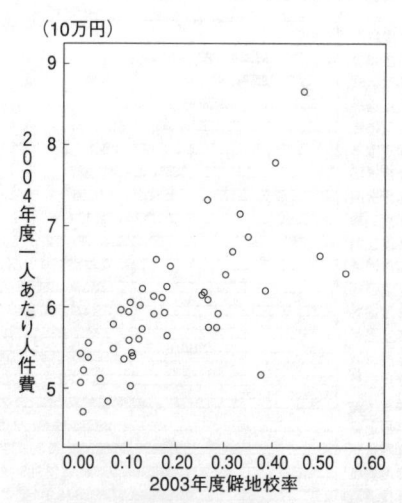

図3 公立小学校の僻地校率と児童生徒一人あたり義務教育人件費の関係

りの人件費には大きな格差があった．それを補塡・調整しているのが，義務教育国庫負担金制度である．しかし，現在，この制度の改廃が大きな政治課題となっている．この制度が万一，廃止された場合には，普通交付税の大きな枠組みの中で，国による調整が行われることになる．その場合，地方の財政事情によっては，義務教育の費用として使われる法制度的な保証はなくなる．こうした政策変更の可能性を考慮に入れながら，将来の少子高齢化が，義務教育における社会化空間の均質化，さらには教育機会の均等にどのような影響を及ぼしうるのかを，次に検討しよう．

この問題を考える場合，出発点となるのは，教職員の年齢構成である．それというのも，雇用が保障されている公立学校教職員の場合，高齢化とは，彼らの人件費の上昇を意味するからである．

図4は，2005年3月末時点での公立小中学校の教員の年齢構成を示したものである．図からも明らかなように，40代後半から50

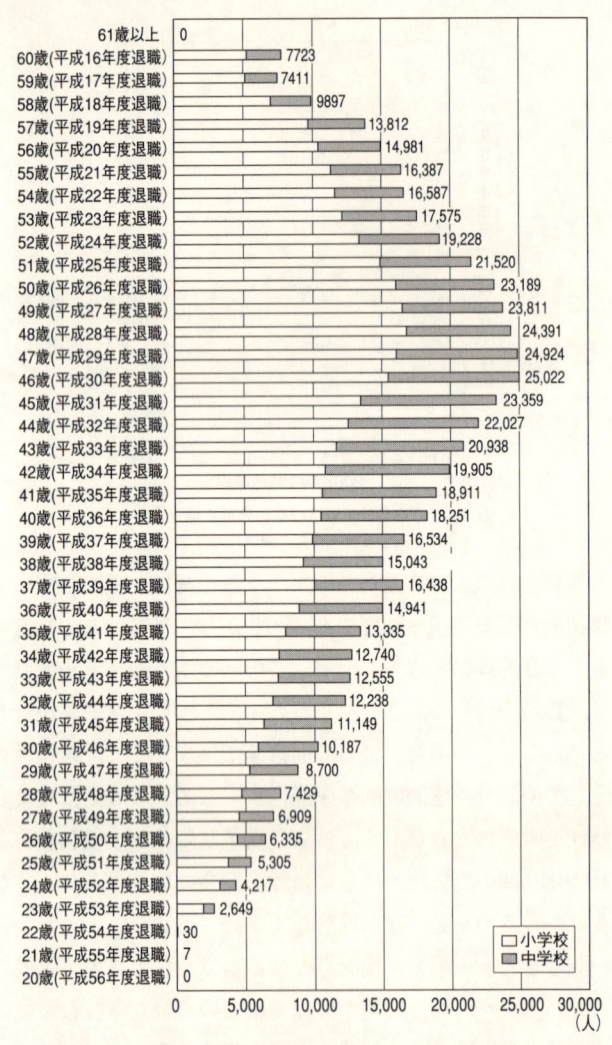

4 少子高齢化時代における教育格差の将来像

年齢	人数
61歳以上	0
60歳(平成16年度退職)	7,723
59歳(平成17年度退職)	7,411
58歳(平成18年度退職)	9,897
57歳(平成19年度退職)	13,812
56歳(平成20年度退職)	14,981
55歳(平成21年度退職)	16,387
54歳(平成22年度退職)	16,587
53歳(平成23年度退職)	17,575
52歳(平成24年度退職)	19,228
51歳(平成25年度退職)	21,520
50歳(平成26年度退職)	23,189
49歳(平成27年度退職)	23,811
48歳(平成28年度退職)	24,391
47歳(平成29年度退職)	24,924
46歳(平成30年度退職)	25,022
45歳(平成31年度退職)	23,359
44歳(平成32年度退職)	22,027
43歳(平成33年度退職)	20,938
42歳(平成34年度退職)	19,905
41歳(平成35年度退職)	18,911
40歳(平成36年度退職)	18,251
39歳(平成37年度退職)	16,534
38歳(平成38年度退職)	15,043
37歳(平成39年度退職)	16,438
36歳(平成40年度退職)	14,941
35歳(平成41年度退職)	13,335
34歳(平成42年度退職)	12,740
33歳(平成43年度退職)	12,555
32歳(平成44年度退職)	12,238
31歳(平成45年度退職)	11,149
30歳(平成46年度退職)	10,187
29歳(平成47年度退職)	8,700
28歳(平成48年度退職)	7,429
27歳(平成49年度退職)	6,909
26歳(平成50年度退職)	6,335
25歳(平成51年度退職)	5,305
24歳(平成52年度退職)	4,217
23歳(平成53年度退職)	2,649
22歳(平成54年度退職)	30
21歳(平成55年度退職)	7
20歳(平成56年度退職)	0

□ 小学校　■ 中学校

【初等中等教育局財務課調べ】〈合計〉566,587人　（平均）43.8歳,〈小学校〉358,514人　（平均）44.3歳,〈中学校〉208,073人　（平均）43.1歳.

図4　公立小中学校の教員年齢構成（2005年3月末時点）

代前半に大きなピークがある．小学校教員の場合，40代と50代で全教員の7割を占める．中学校では66%である．40-50代の教員に比べ，30代前半以下の教員ははるかに少ない．

なぜ，こうしたいびつな構成になったのか．公立学校の教員の定数が法律によって決められており，しかもリストラはない．そのため，一時期に大量採用をすれば，その後は新規採用を手控えるしか，数の管理ができなくなる．実際に，1970年代末から80年代前半にかけて，団塊世代の子どもたちが学齢期に達したときに大量に採用された教員が現在40代，50代にひしめいている．そして，その後教員の採用を手控えたことが，30代前半より若い教員の比率を小さくしているのである．

このような年齢構成をもとにすると，教員の高齢化が義務教育にかかる人件費を将来上昇させる可能性が浮かんでくる．定期昇給による給与の上昇，さらには，大量の退職者に支払われる退職手当（民間とは異なり，積み立てられていないため，毎年の予算から支出される）が，今後義務教育の人件費を押し上げていくのである．

他方で，少子化の影響も出てくる．児童生徒数が今後さらに減少すれば，児童生徒一人あたりの義務教育人件費はさらにコスト高になっていく．義務教育費の将来予測を行うのは，教育機会の均等を維持するために，今後どれだけの資源再配分が必要となるのかを推定し，それが維持されない場合の問題点を探るための基礎作業となるからである．

ここでは，次のような方法で，義務教育人件費の将来推定を行った．①年齢別の教職員数について，その実数および予測値を割り出し（予測値は，過去3ヵ年分の教職員数の増減率をもとに推計），②児童生徒の人口減による教職員数の増減を加味した上で，勧奨退職者数を含んだ毎年度の全退職者数および新規採用者数を求め，③

表2 義務教育にかかる教職員人件費の将来推定 (100億円)

年度	人件費		2004年度との差	
	中位推計	低位推計	中位推計	低位推計
2004年	589	589	0	0
05年	594	594	5	5
06年	608	608	19	19
07年	619	619	30	30
08年	623	623	34	34
09年	625	625	36	36
10年	624	624	35	35
11年	626	626	37	37
12年	629	627	40	38
13年	631	629	42	40
14年	632	628	43	39
15年	630	625	41	36
16年	627	620	38	31
17年	624	615	35	26
18年	620	609	31	20

全国一律の単価を設定して,教職員数の増減による給料額の増減分および定期昇給による増減分を考慮して,毎年度必要になる給料の総額を推計した.④最終的な必要額は,ここで求められた給料の総額＋退職金＋共済費長期給付分＋児童手当・公務災害補償基金負担金により,予測値を算出した[5].

ただし,ここでは,全国一律の給与単価を用いて集計を行っているため,最近の地方自治体の個別の給与事情は考慮に入れていない.また,校長や教頭といった役職や事務員といった職種による給与単価の分別を行っていない点にも注意が必要である.将来の児童生徒の予測値には,国立社会保障・人口問題研究所(2002年1月)の

---

5) 以下の推計作業においては,妹尾渉,諸田裕子両氏の協力を得た.また,このデータは文部科学省中央教育審議会義務教育特別部会において筆者が報告したものである.もとデータの作成に当たっては,文部科学省初等中等教育局財務課の協力を得た.記して感謝したい.

「日本の将来推計人口」の中位推計・低位推計による出生数予測データに拠った.

表2をもとに試算結果を見ると,低位推計でも中位推計でも,2004年度に比べ,10年間近くに渡り,毎年,3000億円から4000億円の負担増となることがわかる.2018年度までの累計は,低位推計では4兆2607億円,中位推計では4兆6535億円である.給与や退職手当の引き下げを行わないかぎり,これら増大する人件費をどこかから捻出しなければならない.

しかし,忘れてならないのは,子どもの数においても,教員の数や年齢構成においても,都道府県間には大きな違いがあることである.おしなべて,大都市圏の方がすでに教員の高齢化の時期を迎えており,やがてそのピークを終えようとしている.それに対し,非大都市圏では,先に述べた全国的な傾向が今後顕在化していく.つまり,少子高齢化の影響の出方が,地域によって異なるということである.

その点を見るために,ここでは,2004年度の義務教育人件費の実支出額を基準に,都道府県ごとに将来の人件費の増減比率を2018年度まで計算した.この指標は,現状に比べ,今後どれだけトータルで義務教育の人件費が変化するかをパーセントで示したものである.

図5は,この指数(2004年度-18年度)と,2001年度の財政力指数との相関係数をプロットしたものである.各都道府県の現在の財政事情が大きく変化しないと仮定して,将来の義務教育人件費の変化が,それとどのように関係しているのかを見ようとしたのである.

図から明らかなように,両者の相関関係は当初は正相関を示す.それが2010年度になるとゼロに近くなり,11年度以後はマイナス

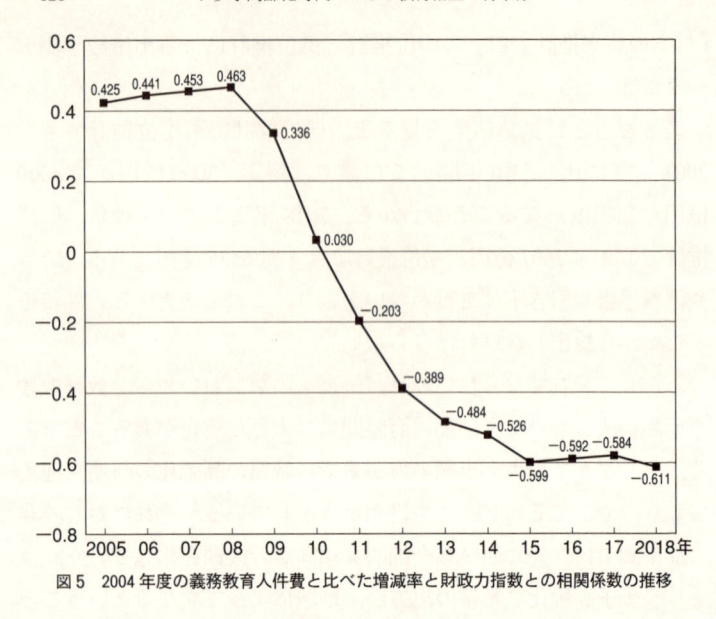

図5 2004年度の義務教育人件費と比べた増減率と財政力指数との相関係数の推移

に転じ,しかもその絶対値が大きくなる.2005年度の相関係数が0.425だったのが,2018年度には−0.611へと変化するのである.この図が示しているのは,2010年頃までは,財政力のある都道府県ほど,義務教育人件費の増加傾向が大きく,それ以後には,反対に,財政力の弱い府県ほど,義務教育人件費の増加率が高くなるという逆転現象である.このようなことが起こるのは,財政力の強い大都市圏では,人口流入により他の地域よりも早い時期に教員の大量採用が生じた.そのため,すでに教職員高齢化の影響を早めに受けるからである.それに対し,団塊世代の子どもたちが就学することに対応して教職員を増やした地域で,それより遅く教職員の高齢化の影響が出てくる.その結果,教員の高齢化がいっそう顕著になる時期に,財政力の弱い地域で,義務教育にかかる人件費が現在以上に増大していくのである.

表3 都道府県別にみた児童生徒一人あたりの公立小中学校教員人件費の記述統計

年度	平均	標準偏差	変動係数	最大値	最小値	最大値と最小値の差
2004年	597338	75020	0.126	865302	469283	396020
05年	602151	75102	0.125	880133	480817	399316
06年	617740	76988	0.125	903185	501155	402030
07年	630737	78468	0.124	922433	513101	409332
08年	637155	78155	0.123	925771	516032	409740
09年	643171	77674	0.121	931838	524777	407061
10年	652504	80464	0.123	945827	527111	418716
11年	658468	82905	0.126	957418	522953	434465
12年	668094	86362	0.129	980459	525846	454613
13年	677548	88388	0.130	989297	522297	467000
14年	686634	91947	0.134	1009451	527959	481492
15年	693954	96472	0.139	1027524	519958	507566
16年	700604	99071	0.141	1034078	516770	517308
17年	705373	99867	0.142	1033875	518051	515824
18年	709269	100929	0.142	1026052	517528	508523

注) 2011年度以後の児童生徒数については中位推計に基づく.

それでは,少子化の影響はここにどのように反映していくのだろうか.この点を検証するために今度は,先に用いた教職員人件費の将来推定の数値をもとに,児童生徒数については,国立社会保障・人口問題研究所(2002年1月)の「日本の将来推計人口」の中位推計を用いて,児童生徒一人あたりの義務教育人件費を都道府県別に2018年度まで算出した.都道府県別の詳しいデータは省略するが,表3に,基本的な記述統計を示した.格差を示す変動係数を計算すると,2009年度までは減少傾向にあるが,11年度には04年度と同水準になり,それ以後はその水準を超えて増大する.つまり,児童生徒一人あたりにかかる義務教育人件費の都道府県格差は,いったん縮小するが,11年度以後04年度の水準を超えて大きくなっていくのである.具体的な県名をあげて最大値と最小値についてみ

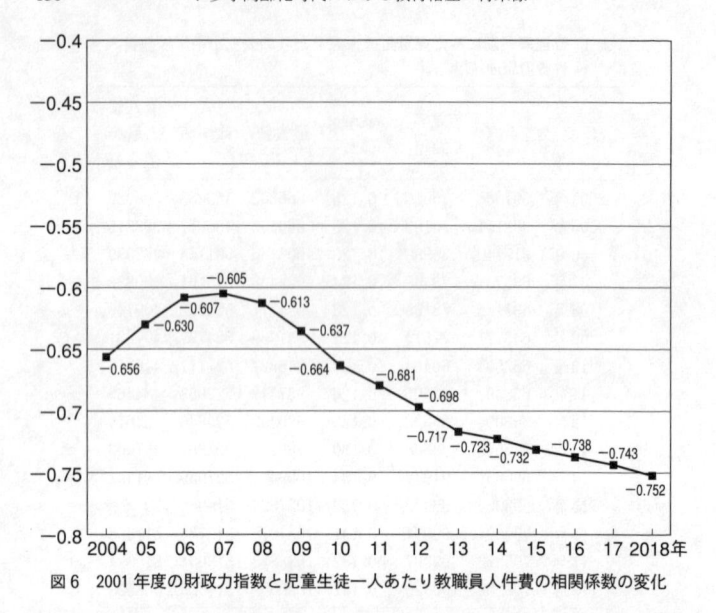

図6 2001年度の財政力指数と児童生徒一人あたり教職員人件費の相関係数の変化

ると, 実支出額である04年度では, 先にも見たように, 最大値を取るのが高知県 (865,302円) で, 最小値は埼玉県 (469,283円) であり, その差は396,019円, 倍率にしておよそ1.8倍であった. それが, 2016年度になると, 最大の高知県の1,034,078円と最小の埼玉県516,770円との差は, 517,308円にまで拡大する. 倍率にしておよそ2.0倍である. 少子化の影響を受け, 児童生徒数が減っていくことで, 児童生徒一人あたりの義務教育費は上昇するが, それは, 都道府県間の格差の拡大と連動しながら進むのである.

そこでつぎに, 児童生徒一人あたりの義務教育人件費の推定値と, 2001年度現在の財政力指数との相関関係の変化を算出してみた. 結果は, 図6に示す.

グラフから明らかなように, 負の相関関係は, 07年度, 08年度まではいったん弱まるが, その後, 2010年度には04年度の実績と

同程度になり,それ以後は,絶対値が大きくなっていく.つまり,教員の高齢化と少子化による児童生徒数の減少とが顕著になるにしたがって,財政力の弱い府県ほど,児童生徒一人あたりの義務教育人件費の額が増大していくということである.ここでも,財政力指数については現在の数値を使っている.だが,今後,財政力の都道府県格差が大幅に変化しない限り,ここで見た傾向はそう大きくは変わらないと推測できる.換言すれば,財政力の弱い地域に対し,現在以上に国の財政的な調整が必要になっていくということである.国による資源の再配分機能が,現在以上に重要になるということであり,その機能が弱まれば,義務教育を通じた「教育機会の均等」をこれまでのように保証することは難しくなると予想できる.

5 ── おわりに

この章では,義務教育への財政負担の将来予測をもとに,教育機会の均等について分析を行ってきた.現状においては,国による財政調整が行われており,児童生徒一人あたりに換算すれば,最大と最小とで1.8倍のコストをかけて,義務教育の「妥当な規模と内容」を保障している.もっともコストのかかっている高知県の財政力指数が0.2にも満たないことを見れば,国による地方の財政力の調整がいかに重要かはわかるだろう.

もちろん,このようにいったからといって,実質的に義務教育の機会が平等になっているかどうかは別の問題である.財政による調整を通じて,教員の質や学級規模などが標準化されていることと,それが結果として,実際に等しい教育条件,学習環境を生み出していることとが同じとは限らないのである.たとえば,義務教育費国庫負担金制度を通じた資源の再配分が,異なる地域間での学力格差の是正にどれだけ寄与しているか,といった問題は,ここでは扱っ

ていない[6]．

　それに対し，この章で問題としてきたのは，ひとつには，国による財政の調整が地域間での資源の再配分機能を持ち，義務教育段階における教育機会の均等が保障されていることを，可視化すると同時に，不可視化もしてきたことである．教育条件を均等にするためにかかる費用の格差是正を制度として金銭タームで示すことで，教育機会の基底的な土台となる義務教育の機会が平等に提供されていることが明示的に示される．義務教育国庫負担金法は，その意味で，まさに国の積極的な関与を謳った制度といえる．

　と同時に，その同じことが，学校的な社会化空間が均質化されていることを印象づけることで，実際には存在するかもしれない地域間の社会化環境の差異を見えにくくしてしまう．つまり，実質的に存在するかもしれない，義務段階での教育機会の不平等は不可視となる．日本における社会移動・階層研究や，教育達成の研究において，どこで義務教育を受けたかがほとんど「定数」としてしか扱われてこなかったのは，まさに，義務教育の機会の地域差が不可視化されていたことの傍証といえる．義務教育を受ける場所の空間的差異が問題にされないほど，条件は同じだと見なされてきたのである．その意味で，財政を通じた教育条件の均質化は，機会の平等の実現を，制度を通じて象徴的に示す働きをもっていたといえる．

　もっとも基底的な義務教育という教育機会の平等がこのように扱われてきたことによって，人びとは，社会的選抜において，同じスタートラインに立っているという前提を受け入れることができた．

---

6) 文部科学省の分析によれば，大都市か一般の市か町村かで見た地域間での学力格差は小さいという．データについては下記を参照．
（http://www.mext.go.jp/b_menu/shingi/chukyo/chukyo6/gijiroku/001/05031601/007/003.pdf）

5 おわりに

もちろん，生まれ育つ家庭環境の差異，すなわち，出身階層といった属性的要因の影響についてはスタートラインの違いを認識することはある．それでも，教育達成を通じた生活機会の獲得が広く受け入れられてきた「大衆教育社会」においては，義務教育段階でのスタートラインが同じであるという認識の広まりは重要な意味をもってきた（苅谷　1995）．その後に生じる教育達成の差異や，その帰結となる生活機会の差異は，教育を通じた業績競争の結果として，正当に受け入れられる，そういう素地を義務教育の均質化は作り出してきたのである．

しかしながら，この章の分析が明らかにしたもう一つの課題は，このように「定数」として扱われてきた義務教育を受ける場所の問題が，将来的には大きく変わりうる可能性であった．すでにその負担率の縮小が決定されたが，今後さらに義務教育費国庫負担金制度自体が廃止されれば，この制度が象徴的に担ってきた義務教育機会均等の幻想が，揺らいでいくことだろう．そして，実際に，教育財政の地方分権が進行し，国による財政の調整力が弱まれば，将来的にはどこで義務教育を受けるかが，その後の教育達成に影響を及ぼす属性的要因として見なされるようになるかもしれない．教員の高齢化と，少子化による児童生徒数の減少が，地域間で異なるペースで生じることにより，義務教育の費用負担構造は，これまで以上に不均等になる．この章での将来推計の分析が示してきたのは，その可能性であった．つまり，少子高齢化によって，これまで以上に国による財政の調整力が必要とされるようになるのである．

ところが，そのときには，国の調整力が著しく弱化している可能性が高い．資源の再配分が十分に行われなくなれば，いったん不可視化した義務教育の機会が，不均等なものとして可視化する可能性が高いのである．

地方の財政力の格差の背後に、地方の経済力の差、さらには、家計の経済力の差があることを思い起こせば、地域間の義務教育機会の不均等化は、社会経済的格差の拡大と結びつく可能性も高い。少なくとも、これまでのように、どこで義務教育を受けたかにかかわらず、義務教育を受けたことを「定数」として扱うことには疑問が向けられるようになるだろう。その程度にまで、教育機会均等の幻想が薄れていくことが予想されるのである。それが、いかなる実質的な教育格差を生み出すのか。それについては今後の研究に待たねばならない。ただし、それ以上に、同じスタートラインに立っているという原則への信頼（幻想？）が崩れていくことで、大衆教育社会が前提としてきた教育を通じた競争の公平性への信頼（幻想？）も揺らいでいくだろう。そうした社会意識の変化という回路を通じても、義務教育の機会の保障が弱まることは、社会経済的格差に何らかの影響を及ぼすだろう。

少子高齢化自体は押しとどめることの難しい人口動態の趨勢である。それが、将来的に義務教育の費用に影響を及ぼすことを見越した上で、教育の制度設計をどのように書き直していくか。現在の安易な政策選択が将来に禍根を残す、その典型的な道を日本は歩み出そうとしている。

【文献】

Coleman, James *et al*., 1966, *Equality of educational opportunity*, Washington, D.C.: U. S. Department of Health, Education, and Welfare, Office of Education.

Jencks, Christpher, *et al*., 1973, *Inequality: a Reassessment of the Effect of Family and Schooling in America*, New York: Harper & Row.

梶田孝道, 1981,「業績主義社会のなかの属性主義」『社会学評論』（日本社会学会）32 (3): 70–87.

苅谷剛彦, 1995,『大衆教育社会のゆくえ』中央公論新社.

Kozol, Jonathan, 1991, *Savege Inequality*, Harper Perennial.

Rosenbaum, James E., Marilyn J. Kulieke and Leonard S. Rubinowitz, 1987, "The

Black Child's Home Environment and Student Achievement," *The Journal of Negro Education* 56 (1): 35-43.

殿岡貴子, 2004, 「教育社会学における「地域」概念の再検討——「社会空間論」の視角から」『東京大学大学院教育学研究科紀要』(東京大学大学院教育学研究科編／東京大学大学院教育学研究科) 44: 141-148.

5 健康と格差
少子高齢化の背後にあるもの

石田　浩

1 ── はじめに

　健康は人間の生存にかかわる最も基本的な問題である．少子高齢社会を迎えた現代日本で，憲法でいう「健康で文化的な最低限度の生活を営む権利」（第25条）がすべての市民に保障されているのであろうか．高齢化とは平均寿命の上昇とともに人々がより長く生存することである．より長く，高い生活の質を保ちながら生きられるチャンスは，すべての人々に平等にあるのだろうか．長寿と健康の裏に隠れた格差は存在しないのか．この問いが本章の出発点である．

　人々の健康に対する関心はすこぶる高い．健康関連の書籍や雑誌が数多く出版されており，サプリメントや健康食品などの健康補助食品がスーパーやコンビニなどでも気軽に購入できるようになった．2002年の「国民栄養調査」（健康・栄養情報研究会　2004）によれば，ふだんから体重をはかっている者の割合は，男性では約6割，女性では7割に達し，その理由としても「体重が気になった」とともに「健康でいたい」が挙げられている．特に60歳以上の高齢者では，「健康でいたい」との理由が7割ほどを占める．2005年の日本経済新聞の東京・大阪・名古屋三大都市圏調査では，健康補助食品を利用しているのは約4割，女性（51％）の方が男性（33％）に比べ利用が多い．健康補助食品にかけるひと月の費用は「5千円未満」が6割だが，男女共に年齢が上がるにつれて利用額が上昇し，

50–60歳代では約3割が「1万円以上」となっている[1]．

健康診断などの健康予防についても関心は高い．2004年の「国民生活基礎調査」（厚生労働省　2005）によれば，健診（健康診断や健康診査）や人間ドックを過去1年間に受けた者は6割で，男性（66％）の方が女性（55％）より多く，仕事を持つ者（68％）の方が仕事を持たない者（49％）より多い．「保健福祉動向調査」（2002年）によると，自分の健康を「よい」「まあよい」と思っている人は37％，「ふつう」は44％，「あまりよくない」「よくない」と思っている人は18％であった．しかし他方で，自分の健康に対して「大いに不安である」「やや不安である」と思っている人は，3分の2を上回り（68％），健康状態が普通であると思っていても，健康への不安感を持っている人がかなりいることがわかる（厚生労働省2004）．このように日本国民の健康意識は高いだけでなく，健康についての不安感も強い．

それでは人々の健康状態に，社会・経済的な違いはみられないのであろうか．この分野では，海外において実に多くの研究の蓄積があることが知られている．研究の蓄積が最も多いのは，イギリスであろう．イギリス政府は1977年に健康の社会的格差に関する委員会を設置し，大規模な調査研究を実施した．その結果は委員長のサー・ダグラス・ブラックの名前をとってブラックレポートとして公刊され，イギリスだけでなく全世界に衝撃をあたえた（Working Group on Inequalities in Health 1980, Townsend and Davidson 1982）．報告書では，死亡率，罹患率といった健康指標が職業階層によって大きく異なっていることを生々しく物語っている．例えば，

---

1) 日本経済新聞2005年7月3日朝刊．調査は2005年5月中旬–6月上旬に日経リサーチが東京，大阪，名古屋の三大都市圏（半径30キロ内）の男女1,000人ずつを対象に行った．回収率は67.3％．

1 はじめに

非熟練労働者の親のもとに生まれた子どもは，専門管理職の親のもとに生まれた子どもに比べ，生後1ヵ月の乳児死亡率は2倍であり，非熟練労働者は専門管理職より15歳から64歳までの死亡率が2.5倍であり，ヘルスサービスの利用も圧倒的に少なかった．

健康の社会的格差は，職業階層にとどまるわけではない．欧米の数多くの研究が，所得，教育レベル，資産などによって死亡率，罹患率，抑うつ状態，喫煙・飲酒行動，主観的健康感が影響を受けることを明らかにしている．個人や家族のレベルの格差だけでなく，居住するコミュニティーや地域といったマクロなレベルの格差が，その地域の健康レベルに影響を及ぼしていることも明らかになっており，ミクロなレベルとマクロなレベルの両方を考慮にいれた分析が必要であることが問われている（文献レビューとしては，Robert and House 2000 などを参照）．例えば最近の研究では，個人の所得のレベルだけでなく，所得がどの程度平等に分配されているかが，地域的な健康格差と関連していることが報告されている（Kawachi and Kennedy 2002, Kennedy and Kawachi 1998）．

欧米に比べて「健康の社会的格差」に関する日本での研究は限られているが，その数少ない研究から重要な知見が導かれている．所得については，例えば，Shibuya, Hashimoto, and Yano (2002) が，国民生活基礎調査データを用い，県単位で所得と健康度の分析を行っている．県の所得レベル（中央値）と人々の主観的な健康度に相関があるが，県レベルでの所得の不平等度（ジニ係数）は，所得レベルをコントロールすると健康度に影響がなく，海外の調査結果とは異なることを報告している．小島 (2003) は，同様に国民生活基礎調査の個票を用い高齢者を対象にした研究を行い，健康でない高齢者は低所得層に所属する割合が高く，健康な高齢者はその割合が相対的に低いが，その差はわずかであり，「健康な高齢者は高所得

層に集中し,健康でない高齢者は低所得層に集中するという関係はみられない」(p. 89) と結論付けている.これらの研究以外に,健康状態の悪化が所得損失に与える影響を分析したものとして,岩本 (2000),金子・高橋 (1998),清家 (1989) などがある.

職業階層に着目した研究として,山崎 (1989) は大都市内部の行政区ごとの死亡率を検討し,技能・労務職,自営業主の割合の高い地域では死亡率が高く,専門・技術職,事務職,管理職,農業漁業の割合が高い地域では低いことを発見している.杉森ら (1995) は,15年間の長期コーホートデータを用いて,職種に基づく高血圧症の発症要因を詳細に分析している.中田 (1999, 2001) は札幌市の高齢者調査の結果から,職業威信と個人収入が抑うつ感や主観的健康感に影響を与えていることを明らかにしている.

しかし,日本での研究のレビューを行った早坂 (2001) によれば,日本では社会階層項目を盛り込んだ健康調査の数が極めて少なく,調査の規模も小さい.このため基礎的なデータを提供する「社会経済的な条件による健康度の格差を明確にすることを目的とした調査を量,質共にレベルアップして行うことが求められている」(p. 68) と結んでいる.医療・公衆衛生分野での健康調査で階層項目が欠如しがちであるのとちょうど対応した形で,社会階層や社会的格差に関する調査では健康項目についての関心が欠如している.例えば,1955年以来10年ごとに続いてきた「社会階層と社会移動 (SSM) 全国調査」は,日本の階層構造解明のために貴重なデータを提供してきたが,健康関連の質問はいっさい含まれていない.日本で健康と階層分野の研究に遅れが見られるのは,健康の社会的格差の分析を可能にするデータの蓄積が十分に行われてこなかったことに大きく起因する.

Ishida (2004) は,「健康と階層に関する全国調査」データを用

いて，階層，教育，所得，資産が，慢性疾患，通院，肉体的痛みや主観的健康感などに与える影響を検証した．慢性疾患の有無に関しては社会経済的な格差は認められなかったが，肉体的痛みや主観的健康感については，格差が存在した．全国的な大規模調査を用いて，健康と階層の関連が明確にされた数少ない研究である．しかし，この分析では2つの問題点があった．第1に，20歳から89歳という広範な年齢層を対象としているため，若年層では慢性疾患などの健康についての問題を抱える人々は限られており，高年層の健康状態に結果が左右されがちであったことである．第2に，人々の社会階層を調査時点での従業上の地位と職業で測定しているが，調査時点で引退していたり無職となっている者の間で健康状態が悪いことにも明らかなように，調査時点での働き方（階層）は調査時点での健康状態の原因ではなく，結果でもある可能性があった．この問題を回避するためには，調査時点以前の働き方を調べる必要がある．

そこで，本章では高齢者を対象とした全国調査データを分析対象として取り上げる．65歳以上の高齢者を対象とすることで，健康が切実な問題となる年齢群に焦点を当てることができる．さらにこの調査では，高齢者の健康と生活全般の項目に加え，職業・教育・所得などの社会経済的な質問項目も豊富に含んでいる．特に職業については，すでに働いていない人が大多数なので，一番長く働いていた職業についての情報があり，これを利用することができる．このデータを用い，高齢者の健康状態が階層，教育，所得などの社会経済的地位により，違いが見られるのかを分析する．

2 ───データと変数

本章では日本大学学術情報センターの研究プロジェクトとして実施された「健康と生活に関する調査」を用いる．調査対象は日本全

国の65歳以上人口であり、標本数は6,700人、調査地点は340地点である。1999年11月に本調査を実施、2000年3月に本調査で協力を得られなかった対象者に対して2次調査を実施している。本調査と2次調査をあわせて4,997人の回答があった（6,700人に対する割合は74.6%）。調査に関する詳細は、日本大学「健康と生活に関する調査」のウェッブページを参照のこと[2]。

この調査には健康に関する様々な質問項目が含まれているが、本分析では以下の7つの項目に着目する。(1)慢性疾患の有無—16のよくある疾患（病気）についてそれぞれ当てはまるか否かの回答に基づいている。疾患は心臓疾患、がん、高血圧症、糖尿病、喘息など呼吸器の病気、胃や腸など消化器の病気などを含む。一つでも慢性疾患があるものを「あり」とした。(2)通院—病院や医院（歯科医院を含む）に調査時点で通院しているか否かの質問により決定した。(3)肉体的だるさ—「身体がだるい」に「あてはまる」「ややあてはまる」と回答した者を「だるさあり」とした。(4)活動制限—様々な日常生活活動に関する質問の中から、「身の回りの物や薬などの買い物に出かける」ことが「難しい」と答えた者を「活動制限あり」とした。(5)抑うつ症状—CES-Dスケールと呼ばれる抑うつスケールに関する12の質問項目（例えば「食欲がなかった」「ゆううつだった」「普段ならなんでもないことをするのが億劫だった」など）の得点を合計し、18点以上の者を「抑うつ症状あり」とした[3]。

---

[2] この研究は、日本大学学術情報センターの研究プロジェクトが企画・実施した日本大学「健康と生活に関する調査」のデータを個票データ利用申請をして使用した。記して感謝したい。なお、データ分析ではウエイト変数を用いてウエイト付けしている。

[3] CES-Dとは、Center for Epidemiologic Studies Depression Scale の略で、米国精神衛生研究所 (National Institute of Mental Health) で開発された抑うつ症状を測定するスケールである (Radloff 1977)。12項目のクロムバッハα（信頼性）係数

(6)主観的健康状態—「現在の健康状態はいかがですか」という質問に対して,「あまり健康でない」「まったく健康でない」と答えた者を「主観的健康状態が悪いもの」とした.(7)主観的健康状態の変化—「現在の健康状態は,1年前よりも良くなっていると思いますか」の質問に対して「悪くなっている」と回答した者を,「健康状態が悪くなっているもの」とした.

社会・経済的変数としては,社会階層は,調査時点の仕事ではなくこれまで最も長くついていた仕事により分類している.専門管理職,事務販売職,(都市)自営職,農林漁業職,マニュアル職の5つのカテゴリーに分類した[4].教育は,最後に卒業した学校の種類(旧制と新制の両方を含む)により,学校教育年数の連続変数にコード化した.所得は,対象者夫婦(未婚・死別・離別の場合は本人)の年間収入をボーナスを含めた税込み額を「50万円以下」から「1,500万円以上」の13カテゴリーで聞いているので,各カテゴリーの中央値を所得額とした.所得が不明の者については,「所得欠損」として区別した.

生活習慣変数として,喫煙,飲酒,運動の項目を取り上げる.喫煙は,現在か過去にタバコをすっていたことがある回答者は「喫煙あり」,飲酒は,現在か過去にお酒を飲んでいたことがある回答者は「飲酒あり」とした.運動は,「普段1週間で外を歩くのが毎日」の人を「運動あり」とした.さらに,医療情報として,「医療機関に関する情報が十分に得られている」と考えている回答者を「情報

は,.877で高い.
4) 調査時点の職業でなく,最も長い職業を用いた理由は,調査時点で働いている対象者は4分の1しかいないという理由とともに,高齢者の過去の職業生活(最も長い仕事)が引退後の健康にどのような影響を与えているかを検証するためである.「最も長く働いていた仕事」を用いることにより,調査時点より以前の職業生活を特定化することができ,因果関係がより明確になっている.

あり」とした.

3 ──── 健康関連変数

表1は本分析で用いられる変数の記述統計量を示した．健康関連変数では，慢性疾患がある者は73%，調査時点で通院していた対象者の比率は74%と，全サンプルの4分の3にも及ぶ．これは対象者が65歳以上の高齢者であることにより，65歳未満の中高年年齢層に比べてもはるかにその比率は高い（国民生活基礎調査参照）．最も頻度が高い疾患は，高血圧症（31.5%）で，心臓疾患（16.8%），消化器系疾患（15.6%），関節炎・神経痛・リュウマチ（15.0%）と続く．肉体的だるさについては，約4分の1の対象者が「あり」と回答しており，買い物に行くことが困難であると感じている対象者が1割ほどいる．抑うつ症状については，3割ほどの対象者にその症状が見られる．主観的な健康状態の認知に関しては，3割が「あまり健康でない」，あるいは「健康でない」と判断しており，4分の1の対象者（27%）が健康状態が1年前と比べ悪化していると判断している．

7つの健康関連変数の間には，有意な相関があるが，相関の程度は高くない．ピアソン単純相関係数が高いものをあげておくと，慢性疾患と通院（$r=.486$），主観的健康状態と活動制限（$r=.397$），主観的健康状態と肉体的だるさ（$r=.367$）である．他の相関係数は.300以下である．表2は主観的健康状態と他の健康関連変数との間の関係を見たものである．主観的に「健康でない」と認識している人の90%以上に慢性疾患があり，通院している．しかし，「健康である，あるいは普通である」と回答している者の間でも3分の2（66%）ほどは，慢性疾患をもち，通院している．活動制限については，「健康あるいは普通である」と回答している者で活動制限

表 1 記述統計量

健康関連変数
　慢性疾患（あり）　　　　　　　　　　　　　　　0.733
　通院（あり）　　　　　　　　　　　　　　　　　0.736
　肉体的だるさ（あり）　　　　　　　　　　　　　0.238
　活動制限（あり）　　　　　　　　　　　　　　　0.103
　抑うつ症状（あり）　　　　　　　　　　　　　　0.292
　主観的健康状態（あまり健康でない，健康でない）　0.299
　主観的健康状態の変化（悪くなっている）　　　　　0.267

性別
　男性　　　　　　　　　　　　　　　　　　　　　0.513
　女性　　　　　　　　　　　　　　　　　　　　　0.487
年齢
　65-69　　　　　　　　　　　　　　　　　　　　0.342
　70-74　　　　　　　　　　　　　　　　　　　　0.280
　75-79　　　　　　　　　　　　　　　　　　　　0.209
　80+　　　　　　　　　　　　　　　　　　　　　0.169
　年齢中央値　　　　　　　　　　　　　　　　　　72.000
階層
　専門管理　　　　　　　　　　　　　　　　　　　0.138
　事務販売　　　　　　　　　　　　　　　　　　　0.184
　自営　　　　　　　　　　　　　　　　　　　　　0.213
　農林漁業　　　　　　　　　　　　　　　　　　　0.185
　マニュアル　　　　　　　　　　　　　　　　　　0.280
学歴
　中卒レベル　　　　　　　　　　　　　　　　　　0.598
　高卒レベル　　　　　　　　　　　　　　　　　　0.301
　短大レベル　　　　　　　　　　　　　　　　　　0.031
　大学・大学院レベル　　　　　　　　　　　　　　0.070
　平均教育年数　　　　　　　　　　　　　　　　　10.551
世帯所得
　100万円未満　　　　　　　　　　　　　　　　　0.135
　100万から150万未満　　　　　　　　　　　　　0.094
　150万から200万未満　　　　　　　　　　　　　0.117
　200万から300万未満　　　　　　　　　　　　　0.188
　300万から400万未満　　　　　　　　　　　　　0.125
　400万から500万未満　　　　　　　　　　　　　0.069
　500万以上　　　　　　　　　　　　　　　　　　0.089
　所得欠損　　　　　　　　　　　　　　　　　　　0.183
　所得中央値（万円）　　　　　　　　　　　　　　250.000

生活習慣
　喫煙（あり）　　　　　　　　　　　　　　　　　0.454
　飲酒（あり）　　　　　　　　　　　　　　　　　0.499
　運動（毎日歩く）　　　　　　　　　　　　　　　0.598

医療機関情報
　十分に得られている　　　　　　　　　　　　　　0.443

表2 主観的健康状態と他の健康関連変数の関係 (%)

	慢性疾患 (あり)	通院 (あり)	肉体的だるさ (あり)	活動制限 (あり)	抑うつ症状 (あり)	主観的健康変化 (悪くなった)
健康・普通	65.0	66.0	13.5	2.4	21.9	16.1
健康でない	92.6	91.4	47.8	28.7	49.0	51.9
全体	73.3	73.6	23.8	10.3	29.2	26.7

注) すべての関係は統計的に有意.

のあるものはほとんどいないが,「健康でない」グループの3割弱が活動制限があり,違いが明確である.肉体的だるさと抑うつ症状については,2つのグループで有意な違いはあるが,「健康」グループにも「あり」と回答している者が少なからずいる.調査時点の健康状態が「健康でない」と認識している者の半分は1年前に比べ健康が悪化していると回答しているが,調査時点で「健康あるいは普通」と認識している者でも16%は1年前と比べ健康が悪化していると回答している.このように,主観的健康状態と他の健康関連変数との間には統計的に有意な関係が見られるがその関係は完全なものではない.「健康である」と回答している者でも,慢性疾患や抑うつ症状があるものも含まれ,主観的健康感は人々が様々な要因を考慮にいれながら認知していることがわかる.7つの健康関連変数は,人々の健康についての(関連する)多様な側面を測定していると推察される.

4 ── 健康の社会経済的格差

次に,7つの異なる健康変数が,社会経済的変数にどのような影響を受けているかを分析する.慢性疾患から見てみよう.表3は,慢性疾患の有無を従属変数としたロジスティック回帰分析の結果を示した.ここでは2つのモデルがある.モデル1は社会階層と性別,年齢をコントロールしたモデルである.男性は女性に比べ慢性疾患

表3 慢性疾患の規定要因に関するロジスティック回帰

独立変数	モデル1	モデル2
男性	0.184*	0.197*
年齢	0.047**	0.046**
階層（専門管理）		
事務販売	0.161	0.111
自営	0.066	−0.015
農林漁業	0.006	−0.087
マニュアル	0.017	−0.101
教育年数		−0.023
所得		−0.003
所得欠損		−0.150
切片	−2.455**	−2.031**
−2対数尤度	4601.190	4460.911
サンプルの大きさ	3998	3875

注） $**p<.01, *p<.05$.
　　変数名の後の（　）内はレファレンスのカテゴリー.

がある確率が1.2倍高い[5]．年齢が上昇するに従って，慢性疾患がある確率が高くなる．10歳で1.6倍ほどになる．社会階層カテゴリーについては，統計的に有意な影響力はみられない．つまり病気へのなりやすさについては，階層間で有意な格差がないことを示している．2つ目はモデル1に教育と所得（所得欠損を含む）を加えたモデルである．このモデルでも，性別と年齢は引き続き有意な影響力をもつ．しかし，教育年数，所得は社会階層と同様に病気のなりやすさについては，違いがないことが明らかになった．慢性疾患を患うか否かは，生物学的な性別や年齢という要因には大きく規定されるが，階層・教育・所得という社会経済要因からは影響を受けないようである．この知見は，海外での研究蓄積とは異なるといえ

---

[5]　「確率」という表現をしているが，正確には「慢性疾患のオッズ」である．「オッズ」とは慢性疾患がない回答者とある回答者の比を表すが，「オッズ」という表現はあまり一般の読者には聞きなれないことを配慮し，「確率」「起こりやすさ」という表現をもちいる．

表4 通院の規定要因に関するロジスティック回帰

独立変数	モデル1	モデル2	モデル3
男性	−0.095	−0.079	−0.230**
年齢	0.051**	0.050**	0.036**
階層（専門管理）			
事務販売	−0.054	−0.096	−0.198
自営	−0.004	−0.072	−0.082
農林漁業	−0.326*	−0.380*	−0.432*
マニュアル	−0.090	−0.161	−0.141
教育年数		−0.014	−0.003
所得		−0.002	−0.001
所得欠損		0.018	0.128
慢性疾患			2.317**
切片	−2.653**	−2.437**	−1.832**
−2対数尤度	4542.992	4415.868	3602.572
サンプルの大きさ	3973	3853	3853

注) $**p<.01, *p<.05$.
変数名の後の（ ）内はレファレンスのカテゴリー.

る．

　表4では，通院の有無の規定要因に関するロジスティック回帰分析の結果を示した．モデル1と2は表3と同じ説明変数を含むモデルである．これら2つのモデルで共通して認められた結果は，年齢の強い効果である．年齢が上昇するに従い，通院確率が上昇する．社会階層カテゴリーでは，農林漁業層が専門管理に比べ有意に通院しにくいことがわかる．さらにモデル3では，慢性疾患の有無を説明変数として導入した．当然のことだが，疾患がある場合はない場合に比べ通院状態の起こりやすさは10倍（$e^{2.317}=10$）となる．ここで注目したいのは，慢性疾患をコントロールしたときの他の変数の動きである．農林漁業層の効果は依然として有意である．このことは，すでに表3の結果からもあきらかだが，農林漁業層が慢性疾患になりにくいから通院確率が低いのではなく，慢性疾患の有無に拘わらず，通院しにくいことがわかる．つまり農林漁業層が診療所

や病院などの医療施設にアクセスしにくい地域に住んでいることが多いために,通院確率が低いのではないかと推察される.モデル3では,性別の変数が有意な効果を表している.この点は以下のように解釈できよう.男性の方が慢性疾患が起こりやすいために(表3参照)男女差が顕在していなかったが,慢性疾患をコントロールすると,女性の方が男性よりも通院しやすいという結果がでた.疾患の有無が通院に与える影響力を考慮してしまうと(つまり疾患のある人たち,あるいは疾患のない人たちだけを取り出すと),女性の方が診療所や病院に足を運びやすいことを意味し,女性にとっては男性よりも診療所が病気を見てもらうという目的の他に社交的な場を提供しているからかもしれない.

表4の結果から指摘できるもうひとつ重要なことは,通院する上で所得が何ら有意な影響を与えていないことである.このことは,通院に関して経済的に明確な障害はないことが推察される.もちろん,病院での診療内容についてはわからないので,所得が診療に与える効果を否定できないが,少なくともお金がないので医者にみてもらうことができないというような明確な所得格差が存在しているわけではなさそうである.この背景には,1961年以来の皆保険をベースにした健康保険制度の普及と関わりがあると考えられる.

表5は,肉体的だるさがどのような要因により規定されているかを調べた結果である.モデルはすべて表4と同じ説明変数を含む.結果から5つの知見が導きだされる.第1に,肉体的だるさに男女間で有意な違いは見出せない.男性は女性よりも慢性疾患になる確率が高かったが,肉体的な形で顕在化するだるさについては男性の方がより多いというわけではなかった.男性は肉体的だるさや痛みがあることを表立って回答することに女性よりも躊躇があるのかもしれない.第2に,年齢が上昇するに従って肉体的なだるさを訴え

表5 肉体的だるさの規定要因に関するロジスティック回帰

独立変数	モデル1	モデル2	モデル3
男性	−0.086	−0.051	−0.079
年齢	0.038**	0.034**	0.028**
階層（専門管理）			
事務販売	0.234	0.182	0.172
自営	0.680**	0.603**	0.617**
農林漁業	0.406**	0.300+	0.326+
マニュアル	0.468**	0.343*	0.377*
教育年数		0.004	0.009
所得		−0.009**	−0.008**
所得欠損		−0.039	−0.018
慢性疾患			1.156**
切片	−4.041**	−0.703**	−3.504**
−2対数尤度	4267.167	4102.691	3971.768
サンプルの大きさ	3936	3819	3819

注）**$p<.01$, *$p<.05$, +$p<.10$.
　　変数名の後の（　）内はレファレンスのカテゴリー.

やすくなる．年齢が上昇すると慢性疾患の確率が高くなるために肉体的なだるさも上昇するという理由もあるが，慢性疾患をコントロールしても年齢効果は残る（モデル3）ので，疾患の有無にかかわらず，加齢は明らかに肉体的な衰えとだるさを伴っている．

　第3に，社会階層の違いで肉体的なだるさの起こりやすさが異なる．自営，農林漁業，マニュアル職につく労働者は，専門管理職や事務販売職などのホワイトカラー従事者に比べてだるさを訴えやすい．特に自営は専門管理に比べほぼ2倍（$e^{0.6}=1.8$）だるさを訴えやすい．この違いは，ホワイトカラー職従事者に比べ，農業，自営やマニュアル労働者の方が肉体的な労働を伴う仕事内容であるため，肉体的なだるさを訴える確率が高くなっていると推察される．第4に，所得が肉体的だるさの起こりやすさに有意な効果を与えている．所得が高ければ，だるさを訴える確率が低くなる．経済的資源が豊富な高齢者は，それを用いて肉体的なだるさや痛みをある程度回避

表6 活動制限の規定要因に関するロジスティック回帰

独立変数	モデル1	モデル2	モデル3
男性	−0.188	−0.114	−0.125
年齢	0.124**	0.118**	0.114**
階層（専門管理）			
事務販売	0.500*	0.438+	0.424+
自営	0.698**	0.588*	0.588*
農林漁業	0.509*	0.300	0.299
マニュアル	0.703**	0.527*	0.549*
教育年数		−0.017	−0.014
所得		−0.009*	−0.009*
所得欠損		0.159	0.167
慢性疾患			1.415**
切片	−11.550**	−10.654**	−10.903**
−2対数尤度	2461.624	2377.074	2298.248
サンプルの大きさ	3986	3864	3864

注) **$p<.01$, *$p<.05$, +$p<.10$.
　　変数名の後の（　）内はレファレンスのカテゴリー．

できる方策（医療器具やサービス）を講ずることができると考えられる．第5に，慢性疾患がある場合はない場合に比べ，3倍（$e^{1.156}=3.2$）以上肉体的なだるさを訴えやすい．

表6は，日常的な活動が制限されるのは，どのような要因により影響を受けるかを調べた結果である．第1に，「身の回りの物や薬などの買い物に出かけることが難しい」と回答している者は，年齢が上昇するに従って増えていることがわかる．社会経済的属性や慢性疾患の有無にかかわらず，加齢と活動制限の間には正の相関がある．第2に，男女の間では有意な違いはみられない．男性の方が慢性疾患ありの確率が高いのにかかわらず，活動制限では違いはみられない．第3に，社会階層グループの間で活動制限の起こりやすさが異なる．専門管理職従事者は最も活動制限が起こりにくいグループであり，自営，マニュアル職は起こりやすいグループである．階層間格差は，慢性疾患をコントロールしても引き続き見られる．第

表7 抑うつ症状の規定要因に関するロジスティック回帰

独立変数	モデル1	モデル2	モデル3
男性	−0.216**	−0.171*	−0.189*
年齢	0.036**	0.031**	0.027**
階層（専門管理）			
事務販売	0.479**	0.383*	0.390**
自営	0.373**	0.291+	0.307*
農林漁業	0.110	−0.065	−0.046
マニュアル	0.458**	0.308*	0.334*
教育年数		−0.013	−0.009
所得		−0.007**	−0.007**
所得欠損		−0.054	−0.039
慢性疾患			0.619**
切片	−3.558**	−2.922**	−2.780**
−2対数尤度	4246.880	4130.018	4082.549
サンプルの大きさ	3487	3392	3392

注） **$p<.01$, *$p<.05$, +$p<.10$.
　　変数名の後の（　）内はレファレンスのカテゴリー．

4に，所得が高いと活動制限が起こりにくいことがわかる．肉体的だるさと同様，所得が高いことは，良質の医療サービスや利便な交通サービスなどにアクセスしやすくなり，出かける障害となる要因を軽減できる可能性が高い．第5に，慢性疾患があることは活動制限を促し，ない場合に比べ4倍（$e^{1.415}=4.1$）ほど買い物にでかける確率が低くなる．

表7は，精神的な健康の指標である抑うつ症状がどのような要因により影響を受けているかを検討した結果である．分析結果は，肉体的なだるさと活動制限とほぼ同様な知見が導き出される．第1に，加齢とともに抑うつ症状は起こりやすくなる．加齢は慢性疾患出現の確率を高めるが，それとは独立して抑うつ症状出現の確率も高める．第2に，男性は女性に比べ抑うつ症状がでにくい．この男女差は慢性疾患の有無にかかわらず確認される．第3に，抑うつのなりやすさについて社会階層間の格差が見られる．専門管理と農林漁業

従事者は,抑うつ症状が起こりにくく,逆に事務販売,自営,マニュアル職で起こりやすいという2つのグループに明確に分かれる.このような階層間格差は,慢性疾患をコントロールしても引き続き見られる.第4に,所得が高い場合には,抑うつ症状が起こりにくい.経済的な資源のあることは,抑うつなどの精神的な疾患を事前に回避できるような方策を講ずることができるかもしれない.第5に,慢性疾患があることと抑うつ症状には相関があり,ない場合に比べ2倍 ($e^{0.619}=1.9$) ほど抑うつ発症の確率が小さくなる.

最後に,主観的な健康状態とその変化の規定要因について検討しよう(表8).健康状態とその変化に対する分析結果はほぼ同様であるので,主要な知見を以下の5点にまとめた.第1に,年齢が高いほど,主観的健康状態は悪くなり,その変化も悪化する傾向が確認される.対象者が65歳以上であることとも関連して,極めてリニアな年齢効果が,慢性疾患,通院の有無に関わりなくある(モデル4参照).第2に,社会階層間の格差が確認できる.自営とマニュアル労働者は,健康状態も状態の変化も専門管理職に比べ悪い.健康状態の変化に関しては,専門管理職が他の階層に比べ,健康状態の悪化を食い止めることに成功している.第3に,所得が高いと健康状態が悪いと報告する確率が低くなり,健康状態の悪化もある程度防ぐことができる.第4に,慢性疾患があった場合,通院している場合には,主観的健康感も健康状態の変化も悪くなる確率が高くなる(モデル4).

以上,健康の社会・経済的格差に関する知見を要約すると次のようになる.慢性疾患の発症や通院という健康の基本変数については,社会・経済的格差は確認できなかった.しかし,肉体的だるさ,活動制限,抑うつ,主観的健康感といった健康をより広い範囲で捉えると,社会階層と所得水準による違いで格差があることが明らかに

表8 主観的健康状態と主観的健康状態変化の規定要因に関するロジスティック回帰

(1) 主観的健康状態

独立変数	モデル1	モデル2	モデル3	モデル4
男性	−0.103	−0.047	−0.097	−0.077
年齢	0.048**	0.041**	0.033**	0.029**
階層（専門管理）				
事務販売	0.287+	0.194	0.177	0.215
自営	0.401**	0.317*	0.336*	0.376*
農林漁業	0.280+	0.111	0.138	0.224
マニュアル	0.516**	0.348*	0.407**	0.455**
教育年数		−0.004	0.003	0.010
所得		−0.013**	−0.013**	−0.013**
所得欠損		−0.258*	−0.244*	−0.273*
慢性疾患			1.865**	1.436**
通院				1.128**
切片	−4.409**	−3.680**	−3.758**	−3.788**
−2対数尤度	4809.153	4607.261	4263.133	4134.999
サンプルの大きさ	3992	3870	3870	3848

(2) 主観的健康状態の変化

独立変数	モデル1	モデル2	モデル3	モデル4
男性	−0.165*	−0.129*	−0.156**	−0.150+
年齢	0.049**	0.047**	0.042**	0.040**
階層（専門管理）				
事務販売	0.553**	0.520**	0.514**	0.531**
自営	0.497**	0.467**	0.478**	0.485**
農林漁業	0.412**	0.379*	0.396*	0.431**
マニュアル	0.442**	0.410**	0.434**	0.439**
教育年数		−0.001	0.002	0.005
所得		−0.004*	−0.004+	−0.003+
所得欠損		−0.091	−0.072	−0.089
慢性疾患			0.890**	0.692**
通院				0.428**
切片	−4.642**	−4.449**	−4.358**	−4.296**
−2対数尤度	4550.264	4396.617	4303.052	4256.849
サンプルの大きさ	3968	3847	3847	3826

注) **$p<.01$, *$p<.05$, +$p<.10$.
　　変数名の後の（　）内はレファレンスのカテゴリー.

なった.健康をより広範な生活の質（Quality of Life）として位置づけると,社会経済的な格差が歴然と存在するのである.

5 ──── 生活習慣,健康情報の社会経済的格差

次に,健康に関連した生活習慣である喫煙,飲酒,運動について,教育,階層,所得がどのように影響しているのかを検証する.食生活,運動などの生活習慣は,糖尿病などの慢性疾患に典型的にみられる生活習慣病との関連が指摘されており,健康と深く関わっていると考えられてきた.さらに,生活習慣とは異なるが,医療についての情報を十分に得ているかという,医療情報へのアクセスに関して,教育,階層,所得がどのように影響しているのかを検討する.もし生活習慣と医療情報に関して,社会・経済的格差が存在するのであれば,社会経済的要因（教育,階層,所得）が生活習慣,情報のアクセスという経路を媒介して,健康に影響を及ぼしていることが推察される.

表9は,生活習慣と医療情報の規定要因を調べた結果である.喫煙については,男性の方が女性よりも,年齢が若い方が高齢の者よりも,喫煙確率は高い.さらに,農林漁業層が他の階層に比べ喫煙しにくく,教育程度の高いものほど喫煙しにくいことがわかる.飲酒については,喫煙と同様,男性の方が女性よりも,年齢が若い方が高齢の者よりも,飲酒確率は高い.それに加えて専門管理職で飲酒確率が高く（低くではない）,所得が高いほど飲酒しやすい（しにくいではない）ことがわかる.もし飲酒が健康状態に対して負の影響力を持つのであれば,健康状態が相対的に良い専門管理職と高所得者の方が飲酒傾向があるというのは,納得がいかない結果である.これについては後述,飲酒と健康の関係についての分析のところで詳しく取り上げる.運動については,年齢が上がるほど運動し

表9 生活習慣と医療情報の規定要因に関するロジスティック回帰

	喫煙		飲酒	
独立変数	モデル1	モデル2	モデル1	モデル2
男性	3.221**	3.250**	2.241**	2.219**
年齢	−0.013+	−0.015*	−0.040**	−0.035**
階層(専門管理)				
事務販売	0.172	0.049	−0.198	−0.108
自営	0.126	−0.032	−0.390**	−0.307*
農林漁業	−0.527**	−0.725**	−0.581**	−0.416**
マニュアル	0.251+	0.052	−0.253*	−0.106
教育年数		−0.045+		0.022
所得		−0.002		0.004*
所得欠損		−0.319*		−0.063
切片	0.513	1.077+	2.894**	2.228**
−2対数尤度	3591.331	3470.253	4344.404	4208.171
サンプルの大きさ	3985	3863	3972	3853

	運動		医療情報	
独立変数	モデル1	モデル2	モデル1	モデル2
男性	0.087	0.079	0.113	0.050
年齢	−0.045**	−0.046**	0.002	0.007
階層(専門管理)				
事務販売	−0.155	−0.280*	−0.473**	−0.314*
自営	−0.239*	−0.386**	−0.441**	−0.292*
農林漁業	0.461**	0.317*	−0.552**	−0.303*
マニュアル	0.093	−0.106	−0.571**	−0.353**
教育年数		−0.075**		0.036+
所得		0.005**		0.006**
所得欠損		−0.042		0.002
切片	3.700**	4.450**	−0.354	−1.242*
−2対数尤度	5296.848	5110.593	4771.540	4635.381
サンプルの大きさ	3985	3863	3410	3319

注) **$p<.01$, *$p<.05$, +$p<.10$.
　　変数名の後の( )内はレファレンスのカテゴリー.

にくくなり,農林漁業層が最もよく運動を行い,事務販売と自営が最も運動を行わない階層であることがわかる.教育年数が上がると運動をする確率は下がるが,所得が高いほど運動しやすいという結果がでている.最後の医療情報についてみると,専門管理職が他の

5 生活習慣，健康情報の社会経済的格差

表10 生活習慣，医療情報と健康関連変数の関係（他の変数をコントロールしたときの影響）

	慢性疾患（あり）	通院（あり）	肉体的だるさ（あり）	活動制限（あり）	抑うつ症状（あり）	主観的健康（良くない）	主観的健康変化（悪くなった）
喫煙	++		+				
飲酒					−−		
運動	−−	−−		−−	−−	−−	−−
医療機関情報			−−			−−	−−

注）他の変数とは，性別・年齢・階層・学歴・所得である．
記号が一つの場合は5%の水準で有意，2つの場合は1%の水準で有意．
記号がプラスの場合は正の関係，マイナスの場合は負の関係のあることを示す．
記号がない場合は，有意な関係がないことを示す．

階層に比べ圧倒的に情報のアクセスがよいことが際立っている．さらに，教育と所得が高いほど情報へのアクセスがよいことが確認された．

階層間の格差について結果をまとめておくと，農林漁業層が最も喫煙，飲酒をしにくく，さらに最も運動している．生活習慣については農林漁業層が飛びぬけてよい．専門管理職については，医療情報へのアクセスという点でもっとも有利な立場に立っているが，飲酒については，最も飲む確率が高い階層である．所得が高い層は，運動と医療情報という点では優位な立場に立つが，専門管理と同様，飲酒の確率は高い．

それでは，生活習慣と医療情報のアクセスは，本章で扱っている健康関連変数に影響をあたえているのだろうか．表10に分析結果を要約した．3つの生活習慣と医療情報が，性別・年齢・階層・教育・所得をコントロールしたときに，健康関連変数に有意な効果をもたらしているかを示した．記号が一つの場合は5%の水準で有意，2つの場合は1%の水準で有意であることを示す．喫煙は，慢性疾患ありと肉体的だるさありの2つと正の相関がある．これらは疫学的な研究結果と対応している．しかし，喫煙が他の健康指標

とは有意な関係がないこと，関係のある慢性疾患は社会・経済的要因に影響を受けていないこと，の2つから，喫煙をもって社会・経済的要因が何故健康に影響を与えるかを解釈することはできない．

飲酒についてはもう少し複雑な関係がある．飲酒が影響を与えている健康変数は，活動制限と主観的健康状態である．しかし，影響の仕方は負の関係であり，飲酒をするほど活動制限は少なく，健康状態が悪い確率が下がる．文字通りとれば，飲酒は，健康にプラスの影響を与えているということになる．通常の疫学的な調査では，飲酒量と健康度には明らかな負の相関があり，飲酒量が増えるほど健康が悪くなる．本調査では，飲酒量ではなく飲酒の経験を取り上げているため，調査時点で飲酒している高齢者は，活動制限が少なく，自分でも健康であると思っている人が多いためであると考えられる．専門管理層と高所得層は，飲酒をしやすく，さらに病気と通院以外の健康領域では他の階層よりも健康であることがわかっているが，より健康であるのは飲酒のためであると解釈するよりも，より健康であることにより飲酒できると解釈する方が妥当であろう．

同様の解釈が，運動についても当てはまる．表10から，運動はすべての健康関連変数と相関があることがわかる．運動することによって慢性疾患や通院の確率が下がり，肉体的だるさ，活動制限，抑うつを訴えにくくなり，主観的健康状態も良くなると考えることもできる．しかし，健康であることの結果として，毎日運動（外にでる）ことができるとする考え方もあり，因果的な解釈には注意が必要であろう．つまり運動を媒介要因として，例えば階層と健康の関連を解釈するというのは無理がある．

最後に医療情報のアクセスが健康に与える影響をみると，肉体的だるさ，抑うつ症状，主観的健康感，主観的な健康状態の変化について，有意な効果をもたらしている．医療情報が十分に得られてい

る場合には得られていない場合に比べ,だるさや抑うつを訴えにくく,主観的健康状態も悪くなく,その変化も悪化しにくい.しかも,例えば,主観的健康状態が悪いために医療情報を得なかったという逆の因果関連はありえないことではないが考えにくい.そこで医療情報は,社会・経済的地位と健康を結ぶひとつの媒介要因として考えることができる.すなわち,専門管理層や高所得層は,医療情報のアクセスがよく,このことを通じて,健康維持が可能になり,肉体的だるさ,活動制限,抑うつを訴えにくく,主観的健康状態も良い傾向があることが推察される.

6 ───おわりに

健康格差としてまず注目したことは,誰が病気になるのか,誰が病院に行くのか,という問いであった.本分析の結果,高齢の人ほど病気になる確率は高まり,男性の方が女性よりも確率が高いことがわかった.通院については,当然,慢性疾患のある人はない人に比べて病院に通いやすい.このように疾患の有無や通院は生物学的な要因に規定されており,社会経済的な要因が影響を与える余地は少ないといえる.唯一通院については,農林漁業職に従事していた者は病院に行きにくいという結果がでたが,これは農林漁業層が診療所や病院などの医療施設にアクセスしにくい農漁村地域に住んでいることが多いために,通院確率が低いのではないかと考えられる.

欧米の研究では,健康の基本である死亡率や罹患率に関して階層間格差や所得格差が報告されている.何故日本では,健康の基本変数についても格差が表れないのか.この点については今後,掘り下げていかなければならない課題だが,いくつかの可能性が考えられる.戦後日本では,生活水準の上昇とともに,公衆衛生などの基礎的な医療分野が充実し,すべての国民を対象にした医療保険(国民

健康保険）が1961年に発足している．特に全国津々浦々に配置された保健所を拠点に，結核をはじめとした感染症対策，乳幼児健診，慢性疾患予防の取り組みは，死亡率と罹患率の低下に貢献している可能性がある．世界保健機構（WHO）の報告（World Health Organization 2000）でも，保健医療システムの総合目標達成度もWHO加盟191ヵ国の中で1位で，世界でも有数の保健医療システムと評価が高い．このようなシステムの恩恵を受けてきたことが一つの理由として考えられる．さらに，日本での魚を中心とした栄養摂取と食生活が，近年では大きな変貌を遂げ欧米化しながらも，平均寿命が劇的に延長された1970年代のデータでは欧米と比較して不飽和脂肪酸の摂取量は低く，それが心臓疾患，大腸がん，乳がんの発生率の低さと関連していると言われている（Marmot and Smith 1989）．このような社会環境と食習慣が，階層や所得といった要因と関わりなく，社会全体に普及していたことが日本の死亡率・罹患率の低さと関連していることが推察される．

慢性疾患，通院という病気と直接関係した健康ではなく，だるさ，活動制限，抑うつといったより広い健康度に焦点を移すと，階層間格差，所得格差が明らかとなってくる．これらの健康指標を総合的に回答者が判断したと考えられる主観的健康状態とその変化についても，明白な階層間格差と所得格差が存在する．専門管理職従事者は最も健康度が高い階層といえる．農林漁業層も抑うつ症状や主観的健康感に関して健康度が高い階層である．これに対して自営とマニュアル職従事者は，健康度が低い階層であることが明らかになった．所得も慢性疾患と通院を除くすべての健康関連指標で，有意な影響を与えている．所得が高いほど，健康度が高いという正の相関である．つまり病気や通院に限定せず，より広範な健康度，健康に関連した生活の質（Quality of Life）を視野に入れた場合には，社

会経済的な格差が存在するということが実証された．この結果は，健康に関する研究にとっても，格差に関する研究にとっても，重要な知見である．

専門管理職の健康度が高いという知見を説明する要因として，健康・医療に関する情報のアクセスのよさが考えられる．医療機関情報を十分に得ていると回答している対象者は専門管理職で圧倒的に多い．専門管理職の情報収集能力の高さやネットワークの広さなどが情報についてのアクセスを高めていると推定される．高所得者の健康度が高いという知見についても，所得が高ければ医療機関情報を十分に得る確率が高いことが明らかになっている．さらに経済的資源は，例えば肉体的なだるさや痛みを軽減できる医療情報の入手を容易にするだけでなく，これらの自覚症状を軽減する医療器具を購入したり特別な治療を受けたりして，予防策を講じることも可能にする．これらの知見は，すべての階層の人々に，また所得の違いにかかわらず，情報へのアクセスをよりよくする対策を講ずることで，健康度と健康に関連した生活の質を底上げし，向上させることができる可能性があることを示唆している．それでも，医療へのアクセス（例えば，保険外治療や高価な医療器具など）が経済的な資源と関連がある限り，健康に関連した生活の質に社会・経済的格差は存続するであろう．

最後に本章を締めくくるにあたり，社会・経済的要因のなかで，教育年数が健康関連の変数にまったく有意な影響を与えていなかったことについて言及しておきたい．65歳以上の高齢者にとっては，教育を受けた時期は40年以上以前であり，多くは旧制の教育制度のもとであった．このような時間差は，教育の直接効果を弱める働きがある．さらに，表1にも明らかなように，6割が中学校卒業レベル（旧制の尋常小学校，高等小学校を含む）であり，中卒レベル

の対象者の間での違いを考慮することができなかった．学歴分布の偏りがあり，教育の弁別能力を十分に測定できなかったことが，教育効果を十分に検出できなかったもう一つの原因と考えられる．

　高齢期の健康にまつわる生活の質の格差は，現代日本の「隠れた格差」といえるかもしれない．階層格差の源泉である労働市場から引退した後まで，どのような仕事についていたのかが，健康という人間が生きる上での基本的な条件にまで永続して影響を与え，格差をもたらしているのである．格差問題は，私たちが考える以上に根深い問題なのである．

【文献】

早坂裕子，2001，「健康・病気の社会的格差」山崎喜比古編『健康と医療の社会学』東京大学出版会.

Ishida, Hiroshi, 2004, "Socio-economic Differentials in Health in Japan," paper presented at the International Sociological Association (Research Committee on Social Stratification), August 7-9, Rio de Janeiro, Brazil.

岩本康志，2000，「健康と所得」国立社会保障・人口問題研究所編『家族・世帯の変容と生活保障機能』東京大学出版会.

金子能宏・高橋桂子，1998，「企業年金の普及と高年齢者の就業・引退行動」『季刊・社会保障研究』33巻2号：177-190.

Kawachi, Ichiro and Bruce Kennedy, 2002, *The Health of Nations: Why Inequality is Harmful to Your Health*, New York: The New Press.

健康・栄養情報研究会（編），2004，『国民栄養の現状（平成14年厚生労働省国民栄養調査結果）』第一出版.

Kennedy, Bruce and Ichiro Kawachi, 1998, "Income Distribution, Socioeconomic Status, and Self Rated Health," *British Medical Journal* 317: 917-921.

小島克久，2003，「高齢者の健康状態と所得格差」『人口学研究』33号：85-95.

厚生労働省（監修），2004，『厚生労働白書（平成16年版）』ぎょうせい.

厚生労働省，2005，『平成16年 国民生活基礎調査の概要』厚生労働省大臣官房統計情報部.

Marmot, Michael G. and George D. Smith, 1989, "Why are Japanese Living Longer?" *British Medical Journal* 299: 23-30.

中田知生，1999，「社会階層・健康・加齢」『北星論集』36号：15-46.

中田知生，2001，「健康悪化のプロセスと社会階層」『北星論集』38号：1-10.

Radloff, Lenore S., 1977, "The CES-D Scale : A Self-report Depression Scale for Research in the General Population," *Applied Psychological Measurement* 1 : 385-401.

Robert, Stephanie and James S. House, 2000, "Socioeconomic Inequalities in Health : Integrating Individual-, Community-, and Societal-Level Theory and Research," pp. 115-135, in *Handbook of Social Studies in Health and Medicine*, edited by Gary Albrecht, Ray Fitzpatrick, and Susan Scrimshaw, Thousand Oaks : Sage Publication.

清家篤, 1989, 「高齢者の労働供給に与える公的年金の効果の測定:2つのバイアスを除いた横断面分析」『日本労働協会雑誌』359号 (8月号):11-19.

Shibuya, Kenji, Hideki Hashimoto, and Eiji Yano, 2002, "Individual Income, Income Distribution, and Self-reported Health in Japan : Cross Sectional Analysis of Nationally Representative Sample," *British Medical Journal* 321 : 1-5.

杉森裕樹他, 1995, 「職種に基づく高血圧発症の要因に関する研究」『日本公衆衛生雑誌』42:982-991.

Townsend, Peter and Nick Davidson, 1982, *Inequalities in Heath*, New York, Penguin Books.

Working Group on Inequalities in Health, 1980, *Inequalities in Heath : Report of a Research Working Group*, London, DHSS.

World Health Organization, 2000, *The World Health Report*, New York, World Health Organization.

山崎喜比古, 1989, 『都市化と寿命の関係に関する研究——東京都と大阪府の比較を中心に』地域社会研究所報告書.

6 遺産，年金，出産・子育てが生む格差
純金融資産を例に

松浦克己

1 ──── 選択の余地のないことと格差

 どのような状態を公平とみるかは，人によって議論が大きく分かれる．自分には全く選択の余地がないことによりおよそ回復不可能なほどの経済的格差が人々の間で開くならば，それを公正な状態としては許容しないことには大方のコンセンサスが得られるであろう．その格差を生み出す原因あるいは格差の程度が自己の社会的地位や生活を脅かすと感じられるほどのものであれば，なおさらである[1]．

1.1 ──── 親の社会的・経済的地位と子ども

 歴史的にみて，人々の社会的地位や経済状態に大きく影響してきたものに親の身分と経済力がある．近代社会は親の出自によって子どもの人生が規定されるような「身分制社会」を打破してきた．身分制社会の打破に関してはほとんど誰も疑問を抱かないであろう．言うまでもなく誰の子どもに生まれたかということは，子どもにとって選択の余地がない事柄だからである．他方で親の経済力を子どもが継ぐことにより子どもの社会的地位や経済的状態に格差が開くことを認めるか，あるいはどの程度まで認めるかということに関し

---
[1] 機会の平等の考え方に関しては本書第1章参照．

ては，身分に関するほどのコンセンサスはない．親の財産＝遺産・生前贈与によって子どもの経済的事情が大きく左右され，一生涯努力してもキャッチアップできないような格差がつく社会が健全とも考えられない．それもまた問題となるだろう[2]．親世代の「結果の不平等」が子ども世代の「機会の不平等」に直結するからである（国枝　2002）．

1.2 ─── コーホートと社会保障制度

　誰の子どもに生まれたかということと並んで，個人にとって選択の余地がないことはいつ生まれたか，生年＝コーホートである．先に生まれたコーホートが後に生まれたコーホートよりも貧しくとも，明日は今日よりも豊かになる，子ども世代は親世代よりも豊かになるということが期待される状況ならば，あまり問題とはならないであろう．豊かになった（あるいは豊かになるであろう）子ども世代が，相対的に貧しかった親世代を支えることができるからである．しかし明日が今日よりも豊かになると必ずしも期待できない状況の下で，コーホートによって格差がつく，かつそれが制度的に加速されるならば，格差をつけられたコーホート世代は公正な状態とは評価しないだろう．特に少子超高齢社会の到来で人口数の絶対的減少が確実なわが国で，年金制度を通じて強制的に祖父母世代・親世代へ多くの所得を子ども世代・孫世代から移転することは，子ども世代・孫世代の生活を脅かしかねない．公的年金を巡る「世代間格差」や「国民年金空洞化」の議論は，その危惧を端的に表明したも

---

[2]　親の経済力が子どもの社会的経済的状態に影響を与えるもう一つのルートは教育である．松浦・滋野（1996）第3章「私立校と公立校の選択」は，親の所得が教育条件がよいと考えられる私立小中学校の選択に影響していることを実証している．ただしこの教育問題は本章では取りあげない．

のであろう．

1.3 ──── **格差を拡大する出産と子育て**

　遺産や公的年金を通じた所得移転と関連するのが出産・子育てである．子どもがいなければ親世代に遺産を残すインセンティブはないであろう．逆に一部の少数の子どもはより大きな遺産を相続するであろう．少子化は遺産を通じた格差の拡大につながる可能性が高い．

　少子社会，人口数の絶対減少という人口動態の変化の中で大きな問題は，コーホート毎にフェアではない現行年金制度の下で，子どもをより多く育てた家計から子どもを産まなかった（より少なく育てた）家計への所得移転である．出産は親の自発的な選択であり，育児は親にとり喜びであろう．その意味で出産や育児はもっとも私的な選択である．子どもは将来社会を支える存在であり，子どものいない社会は存続し得ないという意味で，出産・子育ては社会的な意義を持つ．待機時児童や出産・子育てと女性の正規就業の両立困難性（松浦・滋野　1996；2005 参照）など，わが国では出産，育児に対する社会的支援は必ずしも十分ではない．不十分な社会的支援の中で子どもを産み育てる家計は大きな費用を負担することによる経済的格差だけではなく，子どもを通じた世代を超えた格差の拡大という問題も抱えている．

1.4 ──── **本章のねらい**

　本章では 1996 年と 2002 年の「家計と貯蓄に関する調査」（郵政総合研究所）を用いて，本人には選択の余地のない遺産と年金制度が人々の経済的格差，具体的には純金融資産にどの程度の格差をもたらしているのかを，家族類型で代理させた子育て状況を踏まえて

検証する[3]．1996年はわずかに景気が回復しかけた年である．国民総所得の実質伸び率は3.2％，家計貯蓄率は9.9％，完全失業率は3.4％，TOPIXは1470.9であった．2002年は国民総所得の実質伸び率は−0.4％，家計貯蓄率は6.4％，完全失業率は5.4％，TOPIXは843.3となった．本章の分析はバブル崩壊後でも相対的には順調であった時期と金融危機などで不振を極めた時期を比較することになる．いわば日本経済の深刻度が増す中で，格差の要因と程度がどのように変容したかを考察することになる．

本章の構成は次のとおりである．第2節で相続税を中心とした遺産の現状，世代会計によるコーホート間の受益負担の格差，結婚・出産・子育ての負担内容を紹介する．第3節で遺産受取経験・年金受給による純金融資産等の格差の概要とコーホート別にみた消費水準格差を紹介する．第4節で世帯の純金融資産蓄積について，遺産受取，年金受給状況，家族類型を考慮したGMMの推計結果を紹介する．最後に簡単なまとめが行われる．結論を先に述べれば，1996年と2002年とでは格差を生む原因とその程度に以下のようにかなりの相異がある．

① 遺産受取経験（受取予定）は家計の純金融資産蓄積に大きく影響する．その効果は400–500万円（1996年）から800–1,000万円（2002年）に拡大している．

② 年金受給や年金加入・未加入の純金融資産蓄積に与える影響は1996年では必ずしも明瞭ではない．しかし2002年には年金受給の有無，また受給種類により明確な差がみられる．年金未加入家計の純金融資産は年金加入かつ未受給家計に比べ▲200–

---

[3] 土地住宅を含めた正味資産の分配を考慮することが望ましい（たとえば松浦(2002) 参照）．2002年のデータについてそのデータが得られないので，ここでは純金融資産に焦点を当てる．

▲220万円少ない．
③ 出産・子育ての純金融資産蓄積に与える効果をみるための変数である家族類型は 1996 年では影響していない．2002 年では子どもを抱える家計では純金融資産は子どものいない家計に比べて低下し，▲300-▲400万円（夫婦＋子ども世帯），▲620-▲720万円（三世代世帯）の格差が生じている．
④ 結婚・出産時期に当たる 30 代前半まで家計の純金融資産は一旦低下する．

2 ──現代日本社会が抱える相続税，年金制度，子育ての問題

2.1 ──相続の推移と実情

家計資産に占める遺産比率に関する先行研究は，データが極めて乏しいので少ない[4]．そもそも子ども世代が保有する遺産の定義も論者によって異なる（石川 1991）[5]．その中でバブル期の 1986-89 年について家計調査・貯蓄動向調査により金融資産や土地住宅・借地権を含めて検討した松浦・橘木（1993）は家計資産の 36.6-40.0% が遺産に基づくと推計している．Tachibanaki and Takada (1994) は 1990 年の郵政研究所「家計の資産選択に関する調査」により家計の正味資産の 40%，金融資産の 5% が遺産によると推計

---

4) 本章では以下特に断ることなく遺産には「生前贈与」を含むものとする．
5) わが国に関する遺産の実証研究のサーベイとして Campbell (2004) 参照．家計資産に占める遺産の重要性についての論争として Kotolikoff and Summers (1981), Kotolikoff (1988) と Modigiliani (1988) がある．Kotolikoff and Summers は稼得収入からの貯蓄の元利合計をライフ・サイクルによる富とし，残余を遺産による富としている（家計資産に占める遺産の比率 80%）．これに対し Modigiliani は各期の稼得収入と利子から消費を控除したものをライフ・サイクルによる富とし，残余を遺産による富とする（同 20%）．包括的なサーベイとして石川（1991）の第 7 章「富の形成と分配」参照．

単位(兆円)

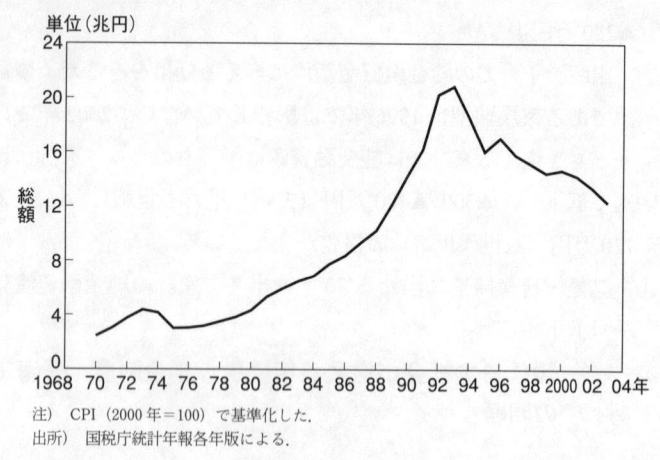

図1 相続人取得財産価額の推移

注) CPI (2000年=100) で基準化した.
出所) 国税庁統計年報各年版による.

している.

税務データでみる相続の状況

遺産に関するまとまったデータはほとんど無いので税務データでその一端をみることにしたい. そのために以下の説明は相続税の課税対象に限定される. 課税件数が死亡件数に占める割合は近年では5-6%で推移している (1975年は2.1%) ので, かなり上位の高額資産家に関する情報ということになる. また各年の税制変更の影響を受けるので, 完全に連続しているわけではないが, 一応の動きはみられるであろう. 1970-2002年の相続人の取得財産価額 (消費者物価指数CPIで実質化) の推移を示したものが図1である. 1970年の2兆3,737億円から上昇基調にありバブル初期の1986年には8兆3,795億円になり, 1992年には21兆654億円に上った. バブル期には倍増したことが分かる. その後は漸減し2002年には12兆3,568億円とピーク時の約6割となった.

単位(億円)

注) PERCAPITA1 は被相続人一人当たり相続財産取得価額(CPIで基準化した).
PERCAPITA2 は相続人一人当たり相続財産取得価額(同上).

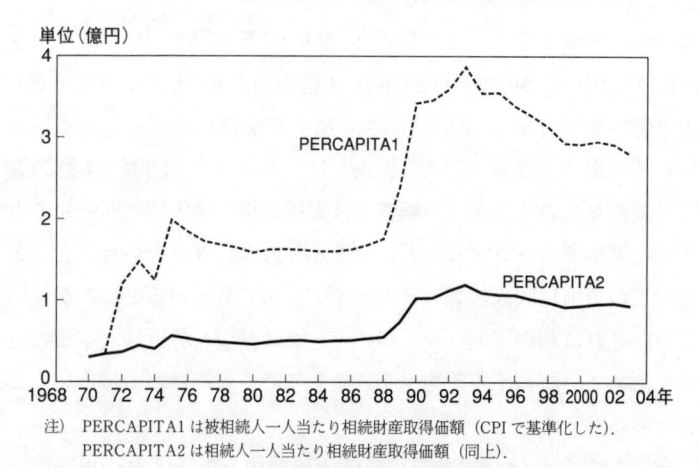

図2　一人当たり相続財産取得価額の推移

一人当たり取得価額と遺産の種類

被相続人一人当たり,相続人一人当たりの財産取得価額(CPIで基準化)をみると(図2参照),被相続人一人当たり金額は1972年の1億2,100万円から1975年には2億円に増加する.その後は1億7,000万円前後で推移した後,バブル期に急増し1992年には3億8,700万円のピークを付ける.その後は減少傾向をたどり2002年には2億7,800万円となる.相続人一人当たりも概ね同様の傾向をたどり,2002年には9,200万円となる.

超富裕層の存在と税制による格差拡大政策

相続税の対象は死亡件数の5%前後,被相続人一人当たり財産取得金額が3億円弱と元々高額資産家である.相続は高額資産家の中でも分布が上位に集中していることが特徴である.たとえば2002年の課税価格階級別の金額と人員の分布をみると10億円超は金額

16.8%（人員2.3%），5億円超10億円以下16.9%（6.0%），1億円超5億円以下59.7%（73.0%），1億円以下6.7%（18.7%）である（国税庁統計年報による）．さらに注意を要することは，本章で用いる「家計と貯蓄に関する調査」はもとより，全国消費実態調査，家計調査などのアンケート調査では課税価格5億円超に匹敵するような超富裕層のサンプルなどはほとんど登場しないということである．この事情は欧米諸国のサーベイデータでも変わるところがない．言いかえれば利用可能なサーベイデータに基づく分析は，本章の分析を含めて分配の不平等を過小評価している可能性があるということである[6]．

政策的にみれば，代表的な資産所得課税である「マル優制度」，「老人マル優制度」は廃止されたが，相続税は1990年以降も課税最低額が数次にわたり引き上げられる（1990年の4,000万円＋800万円×法定相続人数→1995年5,000万円＋1,000万円×法定相続人数）など，税の軽減が図られていた．2003年の税制改正で税率のブランケットが9から6に，最高税率は70%から50%に引き下げられた[7]．贈与税も税率のブランケットが13から6に，最高税率は70%から50%に引き下げられた．さらに相続時精算課税制度，住宅取得資金に係る相続時精算制度特例も導入された．これらは「次世代への資産移転の円滑化」を目指すとされるものであるが，見方を変えれば「親世代の結果の不平等」を「子ども世代の機会の不平等」へつなげる税制を通じた明快な格差拡大策が採用されていることが1990年代以降の特徴である．

我々の以下の推計では①遺産受取（受取予定を含む．以下同じ）

---

[6] みずほ銀行は金融資産5億円以上を対象とするプライベートバンクの展開を2005年3月に発表した．金融資産5億円以上のサンプルは，本章では登場しない．
[7] 相続税などの概要については財政金融統計月報『租税特集』各年版を参照．

世帯の純金融資産はそうでは無い家計に比べてより大きい，ということを検証する[8]．

2.2 年金制度とコーホート

コーホート別の受益

公的な年金が予想外の長生きのリスクに備えたコーホート毎に保険数理上フェアな制度であれば，公的な年金制度を通じた世代間の所得移転は起こりえない．コーホート毎の掛け金総額と期待給付総額が一致するからである（田近・金子・林 1996）．しかしわが国の年金制度の下で，若年世代・将来世代と高齢世代の間で世代間の給付格差が大きいことに関しては多くの先行研究がある[9]．社会保障や税など幅広く受益と負担の関係を世代会計でとらえた平成15年版経済財政白書は1941年以前のコーホートは6,499万円の受益超過，1942–51年のコーホートは194万円の受益超過，1952–61年のコーホートで▲952万円の負担超過，以下1962–71年▲1,732万円，1972–81年▲1,881万円，1982年以降▲5,223万円としている（同報告図3–3–5参照）．厚生年金に限ってもモデル世帯の計算で自己負担分と企業負担分の保険料が1930年生まれでは給付額を大きく上回るが，1970年生まれでは逆転することを報告している（同図3–3–13参照）[10]．

---

8) 遺産（贈与）税制が遺産に与える影響は親がどのような遺産動機を持つかにより異なる（国枝 2002）．米国の州別相続税の違いを利用したPage（2003）は，税率が生前贈与に影響することを検証している．
9) 年金制度についてはたとえば高山（2004）を参照．
10) 2004年の年金改正に当たり厚生労働省は自己負担分に限定すれば，給付が保険料負担を上回るとした．その場合家計にとって比較対象となるのは自己負担分の保険料と厚生年金の期待給付総額ではなく，厚生年金に加入しないとした上で自己負担と雇い主負担を併せた掛け金で私的終身個人年金に加入したときの期待給付総額である．なお橋本・山口（2005）も参照．

年金制度とマイナスの期待収益率

　生活保障あるいは格差という点からの公的年金の問題点は，システマティックに将来人口推計と予定利率を過大評価し続けたことである（例えば八代　1999）．継続的に年金制度の前提条件を間違えたということは，古いコーホートの生涯所得を予想以上に増加させ，反面で若いコーホートの生涯所得を期待以上に減少させたということである．400兆円とも言われる年金未積み立て債務を既に年金を受給している世代が償還することは考えられない．大幅な年金給付額削減と当該世代に対する大幅増税も現実的に考えられないからである．結果として現在の公的年金制度は若いコーホートにマイナスの期待収益率をもつ資産へ強制的に投資させるということになる．合理的な家計がマイナスの期待収益率しかもたない資産に投資することはあり得ない．自発的な選択で結果として事後的にマイナスの収益率しか生まなかった資産に投資したのであれば，それは自己責任である．しかし強制的にマイナスの収益率しか生まない資産に投資を余儀なくされて，人生設計を脅かされるのではたまらないというのが若いコーホートの思いであろう．

　以下の推計では②年金受給世帯は年金未受給世帯，あるいは年金未加入世帯に比べて純金融資産がより大きい，③年金種類により給付内容が異なるので年金受給種類によっても格差がある，ということを検証する．

2.3 ──── 出産・子育ての私的負担と公的支援の未熟さ

　年金制度の行き詰まりと少子社会は密接に関連する[11]．世代間

11）　2004年「少子化対策に関する特別世論調査」（内閣府）によれば，回答者の

の大きな給付格差や年金の未積立債務の問題は，リカードの等価定理や世代間の連結に疑問を抱かせる．個別の家計間ではマイナスの遺産相続は起こりえなくても，未積立債務の将来世代への先送りという形で，コーホート間ではマイナスの遺産相続がなされるからである．現行年金制度の下ではできるだけ子どもを持たず，他人の子どもに年金給付を依存することが家計にとり有利であったと考えられる（松浦・白波瀬 2002）．いわば年金制度自体が少子化を促進する可能性を内包しているといえよう．

年金制度を離れても結婚や出産は経済的格差の要因となりうる．出産の前段階としての婚姻を考えた場合，既婚女性と未婚女性とでは資産の保有状況が大きく異なる．Matsuura and Shigeno（2000）は1993-95年の「消費生活によるパネル調査」（家計経済研究所）により，金融資産の保有額が独身女性275万円（保有率91.3%），既婚女性99万円（同70.5%）と統計的にも有意な差があることを報告している．さらに子育てに関する不安でも「子どもの将来の教育にお金がかかる」ことをあげる人が39.1%，「子どもが小さいときの子育てにお金がかかる」ことをあげる人は18.1%である．「自由な時間が無くなる」が21.6%，「自分が思ったように働けない」が12.8%である（2004年「社会意識に関する世論調査」内閣府）ことを思えば，子育ての経済的負担が格差の拡大につながっているであろうことは容易に想像される．それにも関わらず出産・育児に関する公的支援は乏しい（松浦・滋野 2005）．結婚による女性の金融資産保有の減少や子育ての経済的負担が大きいという実情は，ライフ・サイクルや家庭類型で純金融資産の蓄積に違いがある

71.9%が少子化の「年金や医療の負担など，社会保障に与える影響」を特に重要だとしている．

可能性を示唆する．

以下では④子どものある家計は子どもの無い家計に比べて純金融資産は少ない，⑤若年期でも単調に純金融資産が増加するのではなく，結婚・出産の過程で一旦減少する，ということを検証する．

3 ──── データとグループ別にみた資産等の格差

3.1 ──── データ

本章では1996年と2002年の「家計と貯蓄に関する調査」（郵政研究所，郵政総合研究所）を利用する．以下1996年調査，2002年調査という[12]．1996年調査の回答数は3,942，2002年調査の回答数は5,596であった．分析に必要な項目について無回答のものを除いた結果，利用したサンプルは1996年で2,281，2002年で4,534である．

本章では遺産や年金の受給・加入種類が家計の純金融資産に与える影響について注目するが，これらに関する1996年調査と2002年調査では質問項目が若干異なる．たとえば年金受給状況については，1996年調査では世帯主と配偶者の別々に厚生年金，共済組合年金，国民年金，未受給（受給していない）が質問されている．2002年調査では世帯主がすでに公的年金を受け取っている，まだ公的年金を受け取っていないかが調査され，配偶者の受給については直接聞かれていない．年金加入種類については世帯主と配偶者の別々に，1996年調査では厚生年金，共済組合年金，国民年金，未加入（加入していない）が調査され，2002年調査では厚生年金，共済組合

---

[12] データの詳細については郵政研究所「第5回家計における金融資産選択等に関する調査結果報告書」（1996）と郵政総合研究所（第8回家計における金融資産選択等に関する調査結果報告書）を参照されたい．

年金,国民年金,恩給,未加入が質問されている.2002年調査ではこのように恩給が独自の質問項目に加えられている.

年収については1996年調査では税,社会保険料が質問されているので,可処分所得の計算が可能である.2002年では税,社会保険料については質問されていないので税込年収しか知ることはできない.このために以下で取りあげる項目,説明変数や操作変数は1996年と2002年とでは若干異なる.

3.2 ──── 遺産受取・年金受給の有無による純金融資産等の格差

遺産受取経験と世帯主の公的年金受給の有無により4グループに分けて家計の税込年収,金融資産,負債,金融純資産,持ち家の状況を示したのが表1である.1996年と2002年を比較して一見して明らかなことは,4グループとも金融資産,純金融資産の平均,メディアンに顕著な低下がみられることである.1996年から2002年という日本経済が混迷を極めた時期に,家計は資産蓄積をかなり低下させたことがうかがわれる.

1996,2002年とも純金融資産は遺産受取有り・年金受給有りというグループが最も高く,遺産受取無し・年金受給無しというグループが最も低い.2002年の純金融資産についてみると遺産受取有り・年金受給有りのメディアンは1,000万円,遺産受取無し・年金受給有りのグループのメディアンは550万円である.遺産の効果がうかがわれる.

持ち家比率は明らかに遺産を受け取ったグループが高くなっている.たとえば遺産受取有り・年金受給有りでは94.8%であるが,遺産受取無し・年金受給有りでは75.3%,遺産受取有り・年金受給無しで59.9%,遺産受取無し・年金受給無しでは40.3%である(2002年調査).このことは遺産受取経験や年金受給が純金融資産

表1 遺産受取と年金受給別にみた純金融資産等の概況

		1996年調査					2002年調査				
		平均	メディアン	最大	最小	標準偏差	平均	メディアン	最大	最小	標準偏差
遺産受取有り 年金受給有り	税込年収	690	592	5839	46	576	675	494	9100	36	684
	金融資産	2616	1415	40000	0	4473	1934	1115	20100	0	2514
	負債	258	0	5000	0	765	328	0	12000	0	1090
	純金融資産	2358	1230	35000	−3240	4274	1605	1000	18100	−12000	2788
	持ち家比率	96.6%	1	1	0	0.181	94.8%	1	1	0	0.221
遺産受取有り 年金受給無し	税込年収	905	800	4800	6	589	717	600	15070	0	665
	金融資産	1767	1112.5	14500	0	2045	1015	490	23184	0	1672
	負債	600	0	22000	0	1649	577	10	15000	0	1177
	純金融資産	1167	805	14500	−14500	2408	437	200	23184	−13400	2055
	持ち家比率	88.1%	1	1	0	0.325	59.9%	1	1	0	0.490
遺産受取無し 年金受給有り	税込年収	552	480	4080	8	397	429	340	3800	30	363
	金融資産	1679	1046.5	14950	0	1938	1264	645	14650	0	1755
	負債	168	0	4000	0	500	139	0	7956	0	517
	純金融資産	1511	912	14950	−3644	2003	1124	550	14650	−7356	1854
	持ち家比率	81.7%	1	1	0	0.387	75.3%	1	1	0	0.431
遺産受取無し 年金受給無し	税込年収	713	650	5900	10	424	536	480	3500	0	357
	金融資産	986	570	25700	0	1539	578	200	19400	0	1119
	負債	412	0	6000	0	840	470	0	20000	0	1087
	純金融資産	574	320	25700	−4990	1697	107	50	19400	−20000	1546
	持ち家比率	53.5%	1	1	0	0.499	40.3%	0	1	0	49.1%

N: 遺産受取有り・年金受給有り 208, 遺産受取有り・年金受給無し 310, 遺産受取有り・年金受給有り 1,157, 遺産受取有り・年金受給無し 620, 遺産受取有り・年金受給無し 1,022, 遺産受取無し・年金受給有り 356, 遺産受取無し・年金受給無し 1,407 (計 2,281), 遺産受取無し・年金受給有り 1,735 (計 4,534).
金額の単位は万円。

消費水準

厚生の水準を示す消費（＝毎月の生活費／世帯人員平方根の等価尺度）についてみると1996年は遺産受取有り・年金受給有りは平均16.58万円，遺産受取有り・年金受給無し16.70万円，遺産受取無し・年金受給有り15.98万円，遺産受取無し・年金受給無し16.28万円であった．平均の差の検定結果はF値0.78，p値0.50であり，4グループ間で有意な差はみられない．これに対し2002年では各々17.07万円，17.09万円，15.32万円，16.05万円となった．平均の差の検定結果はF値15.18，p値0.00であり，4グループ間で統計的に有意な差がみられた．消費でみた生活水準に差がついたということは，人々にグループ間の格差を認識させる要因となったであろう．

3.3 ──── 古いコーホートと若いコーホートの消費水準格差

子ども世代が親の世代よりも豊かになるということは，若い世代が古い世代よりも高い消費水準を享受していることを意味している．ここでは消費（等価尺度による）についてコーホート別に見たい．1960年生まれ以降の若いコーホートの相対的な低さが目立つ．2002年では1960-64年生まれは平均15.77万円，1965-69年生まれは15.25万円である（図3参照）．親世代に該当する1930-34年生まれが16.33万円，1935-39年生まれが16.27万円である．平均消費水準では若いコーホートが古いコーホートを下回る．引退世代は就業に関する支出を必要としないので，現役世代の消費水準を下回るのが例である．しかし結果は逆である．これで見る限り，子ど

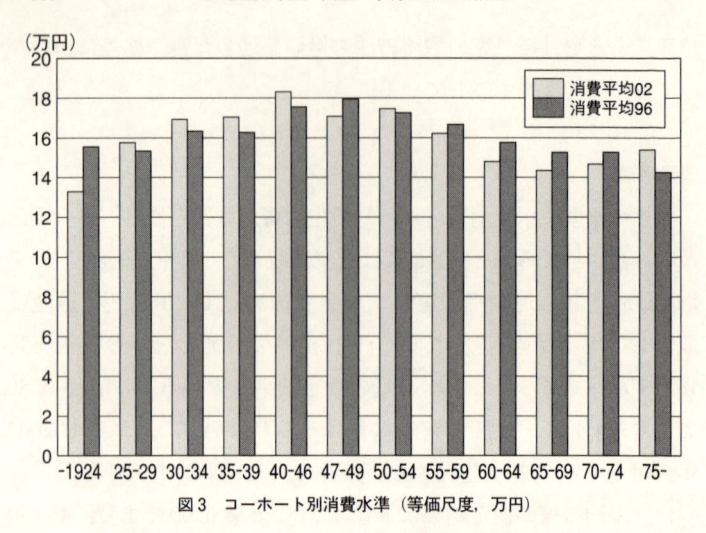

図3 コーホート別消費水準（等価尺度，万円）

も世代が親世代より豊かになるという時代は終わり，むしろ子ども世代の生活水準が親世代を下回る時代が来たことを感じさせる．このような下では若い世代が公的年金制度を通じて強制的に古い世代に所得移転を行うことに，世代を超えた広汎な支持は得られそうにない．相対的にみて消費水準が高いのは団塊の世代である（2002年平均17.94万円）．高度成長の申し子とされるこのコーホートは，消費でみてもきわだった存在のように見える．

4 ── 純金融資産の格差を生み出しているもの

4.1 ── 定式化

具体的な推計式

推計では純金融資産蓄積に与える①遺産受取経験，②年金受給の有無や加入種類，③家族類型，④年齢の効果に注目する．そこで基本的には以下の(1)式を推計する．

純金融資産$_i$＝定数項＋ΣA_j年齢に関する変数$_i$＋ΣB_j税込年収に関する変数$_i$＋C持ち家ダミー$_i$＋D遺産取得有り・受取予定ダミー$_i$＋ΣE_j年金受給に関する変数$_i$＋ΣF_j世帯類型に関する変数$_i$＋誤差項$_i$ (1)

本分析で,既に遺産受取経験有り(含む生前贈与)に受取予定を加えるのは,これにより家計の行動も変化すると考えられるからである.

年金の受給に関する変数は1996年調査の推計では,①厚生年金受給ダミー,共済年金受給ダミー,国民年金受給ダミー,公的年金未加入ダミー(公的年金加入かつ未受給ダミーが既定値),②国民年金受給ダミー,公的年金受給ダミー,未加入ダミー(同),③65歳以上公的年金受給ダミー,65歳以上国民年金受給ダミー,65歳未満公的年金受給ダミー,65歳未満国民年金受給ダミー,未加入ダミー(同)と大きく3通りに分けた.2002年調査の推計では,①公的年金受給ダミー×本人厚生年金加入ダミー,公的年金受給ダミー×本人共済・恩給加入ダミー,公的年金受給ダミー×本人国民年金加入ダミー,未加入ダミー(公的年金加入かつ未受給が既定値),②公的年金受給ダミー,未加入ダミー(同),③65歳以上公的年金受給ダミー,65歳未満公的年金受給ダミー,未加入ダミー(同)の3通りに分けた.これは1996年と2002年では質問項目に違いがあること,国民年金の効果に両年の間で差が認められたことによる.

家族類型は単身世帯,夫婦のみ世帯,夫婦＋子ども世帯,三世代世帯,その他世帯類型(二組の夫婦が既定値)に分けた.子どもがいるのは夫婦＋子ども世帯と三世代世帯である[13].年齢についてはライフサイクルの効果や結婚育児期に減少する可能性を考慮して,年齢とその自乗項,三乗項を加えた.税込年収についても税込年収

のほかに自乗項を加えた.持ち家ダミーは実物資産の代理変数として取りあげる.

符号条件

遺産受取経験に関する係数 D の符号は正となることが予想される.年金受給に関する変数に係る E の符号は,年金制度による所得移転が行われていれば各年金受給ダミーに係る係数の符号は正,年金受給種類で所得移転の効果が異なればそれらの係数は有意に異なるということが予想される.公的年金未加入ダミーの係数の符号はあらかじめ定まらないであろう.ただし年金未加入の原因が資産蓄積の乏しさにみられる経済的困窮であるのならば,既定値である加入かつ未受給と比較するその係数は有意に負となるであろう.家族類型ダミーに関する係数 F については,子育てが家計にとり経済的負担が大きいならば,子育て家計に該当する夫婦+子ども世帯,三世代世帯の2つのダミーに係る係数の符号は有意に負となるであろう.

年金受給ダミーに関する説明変数と家族類型ダミーに関する説明変数については,それらの効果を明瞭にするためにワルド検定により統計的に有意ではないとされた変数を除いた推計も併せて行った.

本推計では税込年収と持ち家ダミーが内生変数であること,所得や資産に関する変数を被説明変数・説明変数とするので誤差項に分散不均一が予想されることから,計量方法は GMM によった.なお結果を見やすくするため純金融資産の値(万円)は千で除した.線形関数であるから各係数の値は限界効果を示すことになる[14].

---

13) 全く子どものいない家計を取り出すことができれば,より直接的に出産・子育ての効果を取り出すことができるであろう.データ上必ずしも可能ではなかったので本文の方法によることにした.

表2 1996年と2002年の記述統計

1996年記述統計

	平均	最大	最小	標準偏差
純金融資産／1000	0.9633	35	−14.5	2.273
年齢	48.96	95	20	13.600
年齢自乗／100	25.82	90.25	4	13.591
年齢三乗／10000	144.67	857.38	8	109.71
税込み年収／1000	0.7122	5.9	0.006	0.471
税込み年収自乗／1000000	0.7287	34.81	0.000	1.609
持ち家ダミー	0.6655	1	0	0.472
遺産受取・予定	0.2271	1	0	0.419
厚生年金受給ダミー	0.1324	1	0	0.339
共済年金受給ダミー	0.0561	1	0	0.230
国民年金受給ダミー	0.0587	1	0	0.235
公的年金受給ダミー	0.2473	1	0	0.432
65歳以上公的年金受給ダミー	0.1464	1	0	0.354
同上×国民年金受給ダミー	0.0447	1	0	0.207
65歳未満公的年金受給ダミー	0.1008	1	0	0.301
同上×国民年金受給ダミー	0.0140	1	0	0.118
公的年金未加入ダミー	0.0513	1	0	0.221
単身世帯ダミー	0.0859	1	0	0.280
夫婦のみ世帯ダミー	0.1776	1	0	0.382
夫婦＋子ども世帯ダミー	0.5081	1	0	0.500
三世代世帯ダミー	0.1175	1	0	0.322
その他世帯類型ダミー	0.0210	1	0	0.144

$N=2,281$

2002年記述統計

	平均	最小	最大	標準偏差
純金融資産／1000	0.6256	23.184	−20	2.031
年齢	51.64	90	18	15.662
年齢自乗／100	29.12	81	3.24	15.881
年齢三乗／1000	174.94	729	5.832	130.706
税込年収／1000	0.5771	15.07	0	0.517
税込年収自乗／100000	5.9993	2271.049	0	38.675
持ち家ダミー	0.6065	1	0	0.489
遺産受取・予定	0.3919	1	0	0.488
公的年金受給ダミー×厚生年金加入ダミー	0.3622	1	0	0.481
同上×共済恩給加入ダミー	0.2239	1	0	0.417
同上×国民年金加入ダミー	0.0468	1	0	0.211
公的年金受給ダミー	0.0873	1	0	0.282
65歳以上年金受給ダミー	0.2464	1	0	0.431
65歳未満年金受給ダミー	0.1158	1	0	0.320
本人未加入ダミー	0.0532	1	0	0.224
単身世帯ダミー	0.2349	1	0	0.424
夫婦のみ世帯ダミー	0.2201	1	0	0.414
夫婦＋子ども世帯ダミー	0.4091	1	0	0.492
三世代世帯ダミー	0.1030	1	0	0.304
その他世帯類型ダミー	0.0124	1	0	0.110

$N=4,534$

記述統計は表2に掲げるとおりである．

4.2 ━━━1996年調査の推計結果

結果は表3に掲げるとおりである．①，③，⑤欄は全ての説明変数を含むケース，②，④，⑥欄はワルド検定により統計的に有意ではないと判断された年金受給や家族類型に関する変数を除いたケースである．まず過剰識別制約条件をみると，①-⑥の全てのケースで10%水準で満たしている．このことから操作変数と誤差項の直交性に問題はないといえる[15]．②，④，⑥欄の結果がより望ましいということになるので，以下では主に②，④，⑥欄の結果について紹介する．

遺産受取経験・受取予定の効果

遺産受取・予定の係数はすべてのケースで1%または5%水準で有意に正である．その係数は0.51（②欄参照），0.38（④欄参照），0.40（⑥欄参照）である．遺産受取・受取予定家計の純金融資産は受取の無い家計に比べて約400-500万円多いことが分かる．この値は遺産受取無し・年金受給無しグループのメディアン320万円を上回り，遺産受取無し・年金受給有りグループのメディアン912万円の約50%となる．

年金受給の効果

厚生年金受給ダミー，共済年金受給ダミー（①欄），公的年金未

---

14) ある説明変数が純金融資産に与える限界効果は，被説明変数と説明変数の金額を1,000で除しているので，そのパラメータをβとすると$1,000 \times \beta$で得ることができる．
15) 操作変数の具体的な内容に関しては表3，4の注を参照されたい．

加入ダミー（①，③，⑤欄），65歳未満受給ダミーと65歳未満受給ダミー×国民年金受給ダミーの交差項（⑤欄）については統計的に有意な結果は得られていない（これらに関するワルド検定1も参照）．国民年金受給ダミーの係数は1%水準で有意に負，値は-0.72（②欄参照）または-1.04（④欄）であった．公的年金受給ダミーは5%水準で有意に正（値は0.34）であった（④欄）．さらに65歳以上受給ダミー×国民年金受給ダミーの係数は1%水準で有意に負（値は-1.04），65歳以上受給ダミーの係数は5%水準で有意に正（値は0.34）となった．1996年段階では未加入ダミーの係数が統計的に有意ではなく，国民年金受給ダミーが有意に負となる．この時点では公的年金未加入者の純金融資産蓄積が年金加入かつ未受給家計に比べて劣るものではないこと，逆に国民年金受給家計の蓄積が乏しいことがうかがわれる．ただし厚生年金受給ダミー，共済年金受給ダミーの係数が有意ではないことから，公的年金全般については明瞭なことはいえないようである．

家族類型

単身世帯，夫婦のみ世帯，夫婦+子ども世帯，三世代世帯，その他世帯類型を考慮したケース（二組の夫婦が既定値）では，それらの係数はいずれも10%水準で統計的に有意ではない（①，③，⑤欄参照）．その係数が全てゼロであるという帰無仮説のワルド検定統計量は各々8.02（p値0.16），5.59（0.35），5.59（0.35）であり，棄却されない（①，③，⑤欄のワルド検定2参照）．このことから1996年段階では家族類型による純金融資産の格差に対する影響はみられない．

表3 1996年推

純金融資産／1000	① 係数	① 標準誤差	② 係数	② 標準誤差	係数
定数項	4.3786	1.214***	4.4981	1.035***	3.7917
年齢	−0.4241	0.097***	−0.4079	0.085***	−0.3278
年齢自乗／100	0.9131	0.200***	0.8913	0.177***	0.7216
年齢三乗／1000	−0.0547	0.013***	−0.0534	0.012***	−0.0431
税込み年収／1000	4.7614	1.872**	3.6175	1.148***	2.5851
税込み年収自乗／1000000	−1.5390	0.806*	−1.4718	0.545***	−0.7232
持ち家ダミー	−1.1473	0.279***	−0.7685	0.234***	−0.9309
遺産受取・予定	0.3821	0.157**	0.5094	0.154***	0.3411
厚生年金受給ダミー	0.3060	0.187			
共済年金受給ダミー	0.5609	0.325			
国民年金受給ダミー	−0.4758	0.346	−0.7159	0.277***	−1.1293
公的年金受給ダミー					0.3430
65歳以上公的年金受給ダミー					
同上×国民年金受給ダミー					
65歳未満公的年金受給ダミー					
同上×国民年金受給ダミー					
公的年金未加入ダミー	0.2117	0.225			0.1423
単身世帯ダミー	0.1263	0.254			−0.1637
夫婦のみ世帯ダミー	−0.2084	0.175			−0.1910
夫婦＋子ども世帯ダミー	−0.1406	0.167			−0.1287
三世代世帯ダミー	0.2434	0.258			0.1931
その他世帯類型ダミー	0.6549	0.503			0.3857

$N=2,281$
***，**，*は1％，5％，10％水準で有意であることを示す．

SER	2.4985		2.5925		2.2134
	χ自乗統計量	p値	χ自乗統計量	p値	χ自乗統計量
過剰識別制約条件	18.548	0.183	20.899	0.231	28.180
ワルド検定1	8.024	0.155			5.583
ワルド検定2	4.991	0.172			

ワルド検定1は，単身世帯ダミー，夫婦のみ世帯ダミー，夫婦＋子ども世帯ダミー，三世代世帯ダミ
ワルド検定2は厚生年金受給ダミー，共済年金中ダミー，年金未加入ダミーの係数がゼロ（①），65歳
＊国民年金受給ダミー，公的年金未加入ダミーの係数がゼロ（⑤）という帰無仮説の検定．

| 下端反転年齢 | 33.0 | | 32.2 | | 31.7 |
| 上端反転年齢 | 78.3 | | 79.0 | | 79.9 |

操作変数各式共通：定数項，年齢，年齢自乗／100，年齢三乗／1000，年齢四乗／10000，公的年金受給
　－本人国民年金受給ダミー，配偶者年齢，配偶者厚生年金受給ダミー，配偶者共済年金受給ダミ
　で土地取得ダミー，自力で持ち家取得，65歳以上人数，子ども数，配偶者厚生年金加入ダミー，配偶
　送りダミー
操作変数①，③，⑤式共通：単身世帯ダミー，夫婦のみ世帯ダミー，夫婦＋子ども世帯ダミー，三世
操作変数③，④，⑤，⑥式共通：本人厚生年金加入ダミー，本人共済年金加入ダミー，本人国民年金加
操作変数③，④式共通：本人公的年金受給ダミー，本人公的年金受給ダミー×国民年金受給ダミー
操作変数⑤，⑥式共通：65歳以上公的年金受給ダミー，65歳以上受給ダミー×国民年金受給ダミー，
　親からの仕送りダミー

計結果

③		④		⑤		⑥	
標準誤差	係数	標準誤差	係数	標準誤差	係数	標準誤差
1.069***	2.9869	0.893***	3.3159	1.155***	3.0257	0.906***
0.079***	-0.2733	0.070***	-0.2915	0.084***	-0.2779	0.072***
0.167***	0.6184	0.149***	0.6454	0.183***	0.6293	0.152***
0.011***	-0.0371	0.010***	-0.0383	0.012***	-0.0378	0.010***
1.064**	2.1214	0.755**	2.4633	1.048**	2.2195	0.801***
0.432*	-0.5642	0.349	-0.6786	0.423	-0.6882	0.369*
0.235***	-0.8283	0.209***	-0.8853	0.234***	-0.7682	0.197***
0.136**	0.3841	0.132***	0.3495	0.132***	0.4010	0.135***
0.268***	-1.0447	0.262***				
0.170**	0.3354	0.158**				
			0.7296	0.501	0.3712	0.215*
			-2.0744	1.228	-1.2586	0.346***
			-0.0066	0.416		
			1.4176	3.154		
0.195			0.0470	0.205		
0.194			-0.1296	0.198		
0.159			-0.2635	0.182		
0.149			-0.1381	0.154		
0.231			0.2006	0.232		
0.476			0.2288	0.490		

	2.1830		2.2274		2.2348	
p値	χ自乗統計量	p値	χ自乗統計量	p値	χ自乗統計量	p値
0.105	30.933	0.156	27.990	0.110	31.779	0.133
0.349			5.588	0.348		

-,その他世帯類型ダミーの係数が全てゼロという帰無仮説の検定.
未満公的年金受給ダミー,65歳未満公的年金受給ダミー

| 30.5 | 31.3 | 30.4 |
| 80.5 | 81.1 | 80.5 |

ダミー×年齢,本人厚生年金受給ダミー,本人公的年金未受給ダミー,共済年金受給ダミー,配偶者国民年金受給ダミー,配偶者公的年金未受給ダミー,遺産受取・予定あり,遺産者共済年金加入ダミー,配偶者国民年金加入ダミー,子どもへ仕送りダミー,子どもから仕

代世帯ダミーその他世帯類型ダミー
入ダミー

65歳未満公的年金受給ダミー,65歳未満受給ダミー×国民年金受給ダミー,親への仕送り,

年齢の効果など

単純なライフ・サイクル仮説が当てはまるならば年齢に関する一次項の係数は有意に正,自乗項の係数は有意に負であり,三乗項の係数は統計的に有意ではないであろう.しかし結婚・出産・育児の段階で資産が減少しているならば,年齢に関する一次項の係数は有意に負,自乗項の係数は有意に正,三乗項の係数は有意に負となるであろう.結果をみると全てのケースで1%水準で一次項の係数は有意に負,自乗項の係数は有意に正,三乗項の係数は有意に負である.反転年齢をみると下端は30–33歳,上端は78–81歳である.30–33歳まで純金融資産が低下するということは,結婚・出産による経済的負担が大きいことを裏付けている.

4.3 ──── 2002年の推計結果

2002年の結果は表4に示すとおりである.ここでも①,③,⑤欄は全ての説明変数を含むケース,②,④,⑥欄はワルド検定により統計的に有意ではないと判断された年金受給や家族類型に関する変数を除いたケースである.②,④,⑥欄の結果がより望ましいということも同様である.2002年の推計でも過剰識別制約条件は全てのケースで10%水準でみたされている.

遺産の効果

遺産受取・予定にかかる係数は1%または5%水準で有意に正である.我々が望ましいと考える②,④,⑥欄の結果から,遺産受取経験が純金融資産蓄積に与える限界効果は約820–1,020万円である.1996年では遺産受取経験の効果は約400–500万円であったから,2002年にかけてその格差に与える影響は倍増している.比較的高齢者が多いと考えられる年金受給有りのグループの内訳をみる

と,遺産受取有りの平均は1,605万円(メディアン1,000万円),受取無しは1,124万円(同550万円)であった(表1参照).これからすれば約800–1,000万円という遺産受取の効果は,遺産を受け取らなかった家計にとって一生キャッチアップすることがほとんど不可能なほどの格差を生み出しているように思われる.

年金受給の効果

2002年における年金受給の効果は1996年とは大きく異なる.そこでは厚生年金,共済年金(含む恩給)の係数は1%水準で有意に正となり,年金未加入の係数は5%水準で有意にマイナスとなっている.ただし国民年金については有意な結果は得られていない(②欄参照).さらに共済・恩給加入ダミーの係数(0.93)と厚生年金加入ダミーの係数(0.52)が等しいという帰無仮説は5%水準で棄却される(χ^2統計量6.162,p値0.013).このことは年金受給の有無や加入種類により,

共済・恩給年金受給＞厚生年金受給＞国民年金受給・公的年金
加入かつ未受給＞公的年金未加入

という順で純金融資産に格差が生じていることを示している.

公的年金受給全体のダミー係数も1%水準で有意に正である(④欄参照),65歳以上受給ダミーの係数は5%水準で,65歳未満受給ダミーの係数は1%水準で有意に正である(⑥欄参照).ただし65歳以上受給ダミーの係数と65歳未満受給ダミーの係数が等しいという帰無仮説のワルド検定はχ^2統計量1.02(p値0.313)で棄却されない.

以上の推計は,1996年には年金制度を通じた格差は明瞭には観察されなかったが,2002年の段階では過去の職歴や加入歴が年金制度を通じて資産格差に影響を及ぼしだしたことを示すものである.

6 遺産, 年金, 出産・子育てが生む格差

表4 2002年推

純金融資産／1000	① 係数	① 標準誤差	② 係数	② 標準誤差	係数
定数項	6.4547	0.941***	6.1904	0.843***	7.3079
年齢	−0.5650	0.068***	−0.5490	0.072***	−0.6053
年齢自乗／100	1.2670	0.151***	1.2096	0.157***	1.3367
年齢三乗／1000	−0.0804	0.010***	−0.0762	0.010***	−0.0842
税込年収／1000	3.8882	0.859***	3.8473	0.810***	4.8032
税込年収自乗／100000	−0.0993	0.036***	−0.0926	0.037**	−0.1579
持ち家ダミー	−2.4161	0.615***	−1.7895	0.511***	−2.2653
遺産受取・予定	1.0242	0.433**	0.8220	0.333**	1.4521
公的年金受給ダミー×厚生年金加入ダミー	0.5317	0.152***	0.5162	0.143***	
同上×共済恩給加入ダミー	0.9822	0.211***	0.9317	0.206***	
同上×国民年金加入ダミー	0.2427	0.170	0.2141	0.161	
公的年金受給ダミー					0.5826
65歳以上年金受給ダミー					
65歳未満年金受給ダミー					
本人未加入ダミー	−0.2958	0.110***	−0.2259	0.096**	−0.2429
単身世帯ダミー	−0.2567	0.595			−0.8112
夫婦のみ世帯ダミー	−0.0062	0.564			−0.6243
夫婦+子ども世帯ダミー	−0.3346	0.568	−0.2967	0.090***	−1.0339
三世代世帯ダミー	−0.5426	0.575	−0.6173	0.181***	−1.1975
その他世帯類型ダミー	0.2378	0.648			−0.4617

N=4,534
***, **, *は1%, 5%, 10%水準で有意であることを示す.

SER		3.4321		3.2010	5.1246
		J統計量	p値	J統計量 p値	J統計量
過剰識別制約条件		1.815	0.969	7.645 0.469	9.223
		χ自乗統計量	p値		χ自乗統計量
ワルド検定		5.116	0.164		2.751

ワルド検定は単身世帯ダミー, 夫婦のみ世帯ダミー, その他世帯類型ダミーの係数が全てゼロという帰

下端反転年齢　32.09555　　　　　　32.94838　　　　　32.8219
上端反転年齢　73.01656　　　　　　72.88726　　　　　73.0232

操作変数各式共通：定数項, 年齢, 年齢自乗／100, 年齢三乗／1000, 年齢四乗／10000, 本人未加入ダ
　厚生年金加入ダミー, 配偶者共済年金加入ダミー, 配偶者国民年金加入ダミー, 単身世帯ダミー, 夫
　就業人員数
①式, ②式：公的年金受給ダミー, 本人厚生年金加入ダミー, 本人共済・恩給加入ダミー,
③式, ④式：65歳以上×年金受給ダミー, 本人厚生年金加入ダミー, 本人共済・恩給加入ダミー, 65歳
⑤式, ⑥式：年金受給ダミー×本人厚生年金加入ダミー, 年金受給ダミー×本人共済恩給加入ダミー,
　ダミー

4 純金融資産の格差を生み出しているもの

計結果

③		④		⑤		⑥
標準誤差	係数	標準誤差	係数	標準誤差	係数	標準誤差
1.130***	6.4882	0.791***	7.1934	1.211***	6.5853	0.805***
0.073***	−0.5887	0.067***	−0.6010	0.073***	−0.5966	0.068***
0.162***	1.2810	0.148***	1.3259	0.161***	1.2950	0.150***
0.010***	−0.0801	0.010***	−0.0831	0.011***	−0.0803	0.010***
0.933***	4.7928	0.832***	4.8230	0.940***	4.9607	0.856***
0.044***	−0.1424	0.038***	−0.1568	0.044***	−0.1502	0.039***
0.705***	−1.7847	0.605***	−2.3429	0.715***	−1.8924	0.622***
0.558***	1.0799	0.345***	1.4317	0.615**	1.0169	0.354***
0.165***	0.5523	0.148***				
			0.5120	0.272*	0.4156	0.205**
			0.6243	0.163***	0.5969	0.155***
0.116**	−0.1913	0.101*	−0.2595	0.123**	−0.2161	0.106**
0.799			−0.7541	0.925		
0.761			−0.5557	0.901		
0.777	−0.3877	0.098***	−0.9570	0.933	−0.3624	0.102***
0.758	−0.7180	0.202***	−1.1374	0.899	−0.6751	0.209***
0.853			−0.3768	0.996		

		4.5730		5.0876		4.8001	
	p 値	J 統計量	p 値	J 統計量	p 値	J 統計量	p 値
	0.237	15.057	0.130	9.375	0.227	13.711	0.133
	p 値			χ 自乗統計量	p 値		
	0.432			3.064	0.382		

無仮説の検定

| 33.50654 | 32.7464 | 33.44613 |
| 73.14084 | 73.6127 | 74.021 |

ミー，公的年金受給ダミー×年齢，配偶者年齢，子供ありダミー，親の利他的動機，配偶者婦のみ世帯ダミー，夫婦＋子ども世帯ダミー，三世帯ダミー，その他世帯類型ダミー，世帯

未満×年金受給ダミー
年金受給ダミー×本人国民年金加入ダミー，本人厚生年金加入ダミー，本人共済・恩給加入

公的年金未加入ダミーの係数値から，公的年金未加入世帯の純金融資産は加入かつ未受給という世帯に比べて約▲200-▲220万円低いことが分かる．年金受給全体の効果が約550万円（④欄）であることを考えると，その格差は無視できないように考えられる．言いかえれば蓄積の乏しい階層が年金未加入であることを示唆している．

家族類型

家族類型の効果も 1996 年と 2002 年とでは異なる．単身世帯ダミー，夫婦のみ世帯ダミー，その他世帯類型ダミーの係数はいずれも統計的に有意ではない（①，③，⑤欄参照）．これらの係数が全て0であるという帰無仮説のワルド検定の結果も各 5.12 （p 値，0.12），2.75 (0.43)，3.06 (0.38) である（①，③，⑤欄のワルド検定参照）．これに対し夫婦＋子ども世帯ダミーと三世代世帯ダミーの係数は 1% 水準で有意に負である（②欄，④欄，⑥欄参照）．子どものいる家計では経済的負担が明瞭になっている．子どものいない家計に比べると，夫婦＋子ども世帯ダミーの係数から約▲300-▲400万円，三世代ダミーの係数から約▲620-▲720万円の差が生じていることが分かる．

年齢の効果

2002 年の推計でも全てのケースで 1% 水準で一次項の係数は有意に負，自乗項の係数は有意に正，三乗項の係数は有意に負である．下端反転年齢は約 33 歳，上端反転年齢は 73-74 歳である．結婚・出産という家族の形成時期に純金融資産が低下し，世帯主が後期高齢に入る直前から純金融資産が再び減少することがうかがわれる．

5 ──── 普通の家計の中の格差

　本章には金融資産が5億円を超えるようなサンプルは無い．その意味で本章が対象としたのは我々の身の回りにいる普通の家計である．その家計の純金融資産格差について，遺産，年金，子育てに注目して検証した．遺産取得経験はいずれの年も格差の原因であり，かつその程度は単に大きいだけではなく，400-500万円（1996年）から800-1,000万円（2002年）に拡大していた．遺産受取経験の無い家計にとりキャッチアップが著しく困難なほどの差であった．さらに1996年段階では格差の原因とは必ずしもいえなかった公的年金制度や子育てに関連する家族類型が，2002年には格差の原因となったことである．その程度も年金未加入家計で▲200-▲220万円となった．子育てをしている家計では▲300-▲400万円（夫婦＋子ども世帯），▲620-▲720万円（三世代世帯）と無視できない大きさである．

　1996年から2002年にかけて日本経済は金融危機をはさみ不振を極めた．その影響は蓄積の乏しい層で，より厳しかったであろうことは容易に想像される．このような時代に遺産取得という個人（子ども）にとり選択の余地のないことで一生キャッチアップできないような格差が生まれ，かつそれを拡大する政策が展開されている．経済が不振を極める中で，親世代の「結果の不平等」が子ども世代にとりキャッチアップ不可能なほどの「機会の不平等」につながることが公平だとは考えられない．再分配政策としての税制のあり方を再検討する必要があるように考えられる．

　2002年の段階で年金制度や子育てが明瞭に格差の原因となり，かつその程度も大きいということは税制改正よりもさらに厳しい課題を社会に突きつけているように思われる．この時期は明日は今日

よりも豊かになり，子ども世代は親世代より豊かになるということがもはや自明ではなくなった時である（図3参照）．また「年金制度の維持可能性」に深刻な疑問を生んでいる．その中で出産・子育てが格差の原因となり，その影響する度合いも大きいということは見過ごせない問題である．出産や育児は親の私的な選択であり，親にとっては喜びでもあろう．同時に子どもは将来を支える社会的な存在でもある．それにも関わらず将来を支える世代を生み育てることに関する社会的支援は乏しく，多くのケースで母親のキャリアを絶つほどの負担をもたらす（大井・松浦 2003，松浦・滋野 2005 参照）．この問題を子育ての喜びという私的評価に替えてしまったのが，わが国社会の一断面であろう．それは少子人口減という人口動態の変化の中で，出産・子育ての負担の多くを夫婦（家計）にゆだねながら，その成果だけは年金制度を通じた所得移転という形で享受しようということに他ならない．このような下で若いコーホートから古いコーホートへの所得移転が将来とも期待可能とは考えられない．結婚や出産・子育てが家計や将来の子どもにとりデメリットとならないような育児制度や社会制度を構築しない限り，少子超高齢社会の問題は解決しないようにみえる．

【文献】

Campbell, Devid W., 2004, "Explain Japan's Saving Rate," *Journal of Asian Economics* 15: 41-58.

橋本恭之・山口耕嗣, 2005,「公的年金のシミュレーション分析――世帯類型別の影響」PRIDP, 4: A-27.

石川経夫, 1991,『所得と富』岩波書店.

Kotolikoff, Laurence. J., 1988, "Intergenerational Transfers and Savings," *Journal of Economic Perspective* 2: 41-58.

Kotolikoff, Laurence. J. and Laurence H. Summers, 1981, "The Role of Intergenerational Transfers in Aggregate Capital Accumulations," *Journal of Political Economies* 89: 706-732.

国枝繁樹, 2002,「相続税・贈与税の理論」『フィナンシャル・レビュー』95号:108-125.

松浦克己, 2002,「日本における分配問題の概観」宮島洋+連合総合生活開発研究所編『日本の所得分配と格差』東洋経済新報社.

松浦克己・滋野由紀子, 1996,『女性の就業と富の分配』日本評論社.

Matsuura, Katsumi. and Yukiko Shigeno, 2000, "The Cost of Marriage—Inhibiting Factor," 『横浜市立大学 論叢』53巻1号:95-125.

松浦克己・滋野由紀子, 2005,「大都市圏における育児と女性の就業」会計検査院『会計検査研究』32号:181-213.

松浦克己・白波瀬佐和子, 2002,「既婚女性の就業決定と子育て」『季刊社会保障研究』38巻3号:188-198.

松浦克己・橘木俊詔, 1993,「日本の資産の不平等の要因分析——土地保有の有無による二つの階層分化」郵政研究所 DP1993-23.

Modigliani, Franco., 1988, "The Role of Intergenerational Transfers and Life Cycle Saving in the Accumulation of Wealth," *Journal of Economic Perspective* 2: 15-40.

Page, Benjamin R., 2003, "Testing for a Bequest Motive Using Cross-State Variation in Bequest Taxes," CBO Technical Paper Series.

大井方子・松浦克己, 2003,「女性の就業選択に影響するものとしないもの」『会計検査研究』27号:213-226.

Tachibanaki, Toshiaki. and Seiji Takada, 1994, "Bequest and asset Distribution: Human Capital Investment and Intergenerational Wealth Transfers," In Tachibanaki (eds.) *Saving and Bequest*, Michigan: The University of Michigan Press.

田近英治・金子能宏・林文子, 1996,『年金の経済分析——保険の視点』東洋経済新報社.

高山憲之, 2004,『信頼と安心の年金改革』東洋経済新報社.

八代尚宏, 1999,『少子・高齢化の経済学——市場重視の構造改革』東京経済新報社.

7 社会保障の個人勘定化がもたらすもの
リスクシェアリングとしての公的年金

宮里尚三

1 ──── 社会保障の個人勘定化の背景と新たな問題

　我が国の少子高齢化が急速に進展しているのは周知のとおりである．少子高齢化の進展は社会経済の様々な方面で影響を与えることが予想されるが，深刻な負の影響を与えるものに社会保障制度をあげることができるだろう．我が国の社会保障制度は退職世代の給付を現役世代の保険料で賄う賦課方式を前提としている．特に年金制度に関してはその構造が明確である．賦課方式を前提とした社会保障制度が世代間格差を生み出すことは再三指摘されてきており，八田・小口（1999）においては我が国の年金制度が生み出す世代間格差について精緻な定量分析で示している．また麻生・吉田（1996）では年金制度だけではなく社会保障制度全体でどの程度の世代間格差を生み出すかを精緻な定量分析で示している．我が国の少子高齢化のスピードは他の先進国に比べて急激に進むため年金制度や社会保障制度が生み出す世代間格差は深刻である．その深刻さゆえに我が国では年金制度や医療制度なども含め社会保障全体を個人勘定化すべきであるという意見も聞かれるようになっている．それでは世代間格差を解消するために社会保障制度を個人勘定化することで若年世代や将来世代の効用は高まるだろうか？　答えはそれほど簡単ではない．人々は様々なリスクに日々直面している．病気をしたりしなかったり，早死にしたり長生きしたり，運良く多くの資産を蓄

えられたり蓄えられなかったり．社会保障制度は疾病や失業，長生き，所得や資産の変動といったリスクを社会保障制度加入者の間でシェアする機能を持っている．社会保障制度の個人勘定化はそのような日々人々が直面するリスクを個々人が自分の責任において引き受けることを意味しているのである．人々がそれらのリスクを意に介さないのであれば世代間格差の解消を狙った社会保障の個人勘定化は非常に魅力的な案である．しかし多くの人々はそれらのリスクをできるだけ回避したいと望んでおり，社会保障の個人勘定化が若い世代や将来世代を本当に幸福にするのかどうかは慎重に検討する必要がある．

ところでいくつかの先進国では社会保障の個人勘定化は公的年金の部分ですでに進み始めている．我が国も含めた多くの先進国において伝統的な公的年金は退職後の給付額が決められているものであった．このような年金制度は確定給付型（DB: Defined Benefit）年金とも呼ばれている．しかしスウェーデンはこの伝統的な公的年金のあり方を大きく転換した．スウェーデンでは給付額が経済状況などに応じて変わる確定拠出型（DC: Defined Contribution）で公的年金が運営されるようになった．確定拠出型（DC）年金はどの国においても私的年金市場で提供されるものであったが，その年金制度は端的にいえば個人の責任において年金資産の増減を管理するものである．スウェーデンではこのような特徴を持つ確定給付型（DB）を個人の拠出と給付の一対一対応を明確にするために公的年金に採用したのである．つまりスウェーデンにおいては公的年金の個人勘定化が急速に進んだのである．また，アメリカにおいても公的年金の一部を伝統的な年金制度である確定給付型（DB）から確定拠出型（DC）の個人退職勘定年金へ移行する議論が盛んに行われている[1]．このように先進国において確定拠出型（DC）の要素

を公的年金に取り入れようとする動きが広がっており，公的年金の個人勘定化の動きが急速に進んでいる[2]．そのような動きが進む背景には確定拠出型 (DC) は人口構造に対して中立的な年金制度と考えられており，少子高齢化などの人口構造の変動に伴う世代間格差から公的年金を切り離す切り札と考える人が多いからである．しかしながら確定拠出型 (DC) は運用収益の変動リスクや長生きのリスクを個々人が負担しなければいけない．本章では社会保障の個人勘定化を検討するにあたり，実際にいくつかの先進国で導入が始まっている確定拠出的要素を持った公的年金と伝統的な確定給付年金に分析の焦点を絞る．リスクシェアリング機能を持っている伝統的な確定給付型 (DB) の年金制度をどの程度維持する必要があるのか，あるいは世代間格差を解消するためにどの程度確定拠出型 (DC) の年金制度を受け入れなければいけないのかについて検討を行うのが本章の目的である．

2 ── 2つの年金制度

年金のタイプを大きく2つに分けると確定給付型年金と確定拠出型年金がある．公的年金はこれまで確定給付型 (DB) で行われるのが一般的であった．しかし，近年スウェーデンのように公的年金を確定拠出型 (DC) で行う国もでてきた．ここではまず DB タイプと DC タイプそれぞれのメリットとデメリットについて考察する．

---

1) Feldstein and Ranguelova (2001) においては個人退職勘定年金 (Individual Retirement Account, IRA) を導入しても伝統的な公的年金をそのまま続ける場合と比べ給付額が落ち込む可能性はかなり小さいと述べている．
2) 高山 (2004) では我が国の 2004 年公的年金改革や各国の年金制度改革について詳細に述べられている．

2.1 確定給付型（DB）のメリット，デメリット

表1には確定給付型（DB）年金と確定拠出型（DC）年金のメリット，デメリットについてそれぞれ簡単にまとめたものである．最初に，多くの国の公的年金で採用されている伝統的な年金制度である確定給付型（DB）年金のメリット，デメリットについて考察する．まず，公的年金の重要な役割として老後の所得保障がある．確定給付型（DB）は退職後，一定の所得が得られる年金制度である．そのため，老後の収入が運用収益に依存する確定拠出型（DC）に比べ老後の所得変動リスクを軽減する役割を確定給付型（DB）は持っている．また，確定給付型（DB）には長生きのリスクを軽減する役割も持っている．ここで，人々が死亡する時期を正確に予測できたとする．その場合，人々は退職後いくらの資産が必要であるかをある程度予測することができるだろう．そのような状況下では退職後の生活費を賄う資産が不足することはあまりないと考えられる．しかし実際には人々は死亡する時期を正確に予測することはできない．あるいは長生きする期間を正確に予測できない．仮に予想より長生きした場合，予想していた以上に退職後の生活費が必要になるわけであるから，資産不足の状況に陥るわけである．確定給付型（DB）の公的年金では予想より長生きしても一定の給付額を生存期間中もらい続けることができるため，長生きによって退職後に資産不足となるリスクを軽減してくれる[3]．以上のことは公的年金を確定給付型（DB）で行うことのメリットである．

しかしながら，確定給付型（DB）年金は人口構造の変化に脆弱

---

[3] Diamond（1977）では長生きのリスクをカバーするのは社会保障制度以外では難しいと述べている．

表1 確定給付型（DB）年金と確定拠出型（DC）年金のメリット，デメリット

	メリット	デメリット
確定給付型（DB）	・退職後，一定の所得が得られる． ・予想より長生きしても一定の給付額を生存期間中もらい続けることができる．	・少子高齢化が進むと保険料が上昇する． ・平均余命が延びるとさらなる保険料上昇圧力となる．
確定拠出型（DC）	・少子高齢化や長寿化が進んでも保険料を上げる必要はない．	・個人で運用収益の変動リスクを負うことになる． ・予想より長生きすると，予定していた資産額で老後の生活費を賄えなくなる．

であるというデメリットを持っている．公的年金はいわゆる賦課方式で運営されることが一般的である．確定給付型（DB）は給付額が決められている．退職者が増えると増えた人数分掛ける給付額だけを賄う収入がさらに必要になる．賦課方式の年金制度は現役世代の保険料がそのまま退職者に移転される構造となっている．そのため，退職者が増えることによって追加的に必要となる支出を現役世代の保険料の上昇で賄わなければいけなくなる．したがって，確定給付型（DB）の公的年金の下では少子高齢化が進むと現役世代の負担が増え世代間の不公平を生じさせるのである．また，平均余命が延びると退職後の給付期間が延びるので保険料に上昇圧力がかかることになる．少子高齢化による世代間格差や長寿化による保険料の上昇圧力などは，これまで多くの論者が指摘してきた公的年金を確定給付型（DB）で行うことのデメリットである．

2.2 確定拠出型（DC）のメリット，デメリット

次に確定拠出型（DC）年金のメリット，デメリットについて考察する．公的年金を確定拠出型（DC）で運営するのは難しいように思われるが，スウェーデンは概念上（みなし）の確定拠出年金

(Notional Defined Contribution) と呼ばれる制度で公的年金を運営している[4]．スウェーデン型の年金制度をいくつの国が導入し始めており，確定拠出型（DC）の公的年金制度を持つ国が増えつつある．確定拠出型（DC）年金は基本的には個人の積み立てた資産を老後に取り崩すわけであるから貯蓄と同じであり少子高齢化や長寿化が進んでも現役世代の保険料を引き上げる必要がない．つまり，確定拠出型（DC）のメリットは人口構造の変化に中立的という点である．

一方，確定拠出型（DC）のデメリットにはまず運用収益の変動リスクを個人が負うという点である．確定給付型（DB）では退職後に一定の給付額が保障されるが確定拠出型（DC）は運用収益によって退職後に受け取る額も変わってくる．高い運用収益を上げた人はそれだけ給付額が大きくなる一方で運用に失敗した人は給付額が小さくなる．さらに確定拠出型（DC）では長生きのリスクを回避できないデメリットがある．確定拠出型（DC）では個人の積み立てた以上の額を受け取ることは基本的にない．積み立てた資産で退職後の生活費を賄えれば問題ないが，予想より長生きした場合，退職後の生活費を賄えず資産不足となる．したがって確定拠出型（DC）は人口構造の変化に影響されないというメリットがある一方で収益変動リスクや長生きのリスクを個人が負うというデメリットに留意する必要がある．

---

4) スウェーデンの概念上（みなし）の確定拠出年金とは，公的年金の財政方式は賦課方式とするが，人々は拠出した分だけ年金を受け取る制度である．また賃金成長率や経済成長率といった収益率，労働力や平均余命といった人口要因の変化などによって受給額が変化するという意味で確定拠出年金制度と考えられている．スウェーデンの新しい年金制度については National Social Insurance Board in Sweden (2002) において詳細に解説されている．

3 ──── 社会経済環境の変化と公的年金

3.1 ──── 老年従属人口

　我が国の人口は国立社会保障・人口問題研究所の予測[5]によれば2007年から減少過程に入ることが予想されている．総人口の減少は経済の様々なところに影響を与えることが考えられるが，公的年金制度と人口を考察する場合，より重要になるのは現役世代と退職世代の比率である．我が国の公的年金制度は退職世代の年金給付を現役世代の保険料で賄う賦課方式で運営されている．また，我が国の公的年金は基本的には確定給付型（DB）であるため，退職世代の比率が上昇すると保険料の上昇に結びつくことになる．ここで現役世代と退職世代のおおよその比率を見るため老年従属人口指数（＝65歳以上人口／15-64歳人口）の推移を見ることにする（図1参照）．1930年における我が国の65歳以上の人口は306.2万人（男子131.8万人，女子174.4万人）であったのに対し15-64歳人口は3,780.4万人（男子1,917.8万人，女子1,862.6万人）であった．老年従属人口指数は8.1％にすぎなかった．その値は1950年，1960年と10％を下回っていたが1970年には10.2％と10％を上回るようになった．その後も値は上昇し続け，基礎年金が導入[6]される直前の1985年には15.1％となった．1990年は20％を超えないものの1995年では20.9％と20％を超えるようになった．2000年になると25.5％（＝（2,200.3万人／8,622.3万人）×100）と20％中頃に上昇することになる[7]．『日本の将来推計人口』

---

[5]　国立社会保障・人口問題研究所『日本の将来推計人口（平成14年1月推計）』．
[6]　基礎年金が導入されたのは1986年（昭和61年）である．
[7]　2000年までのデータは総務省『国勢調査報告』による．

図1 老齢従属人口指数の推移

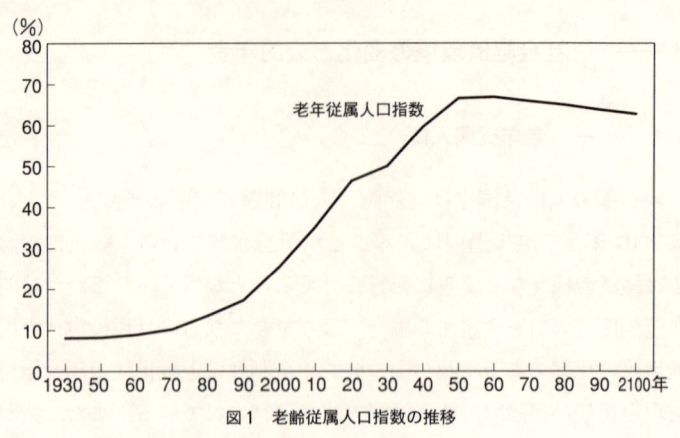

のデータから今後の老年従属人口を算出すると 2010 年には 35.2% となり，2030 年には実に 50% になる．その後も値は上昇し続け 2060 年では 66.9% にも達する．2050，60 年あたりから人口構造の変化が落ち着くことにより老年従属人口指数の値も上昇を止めるが，それ以降でも 60% 台にとどまる．

ここで確定給付型の公的年金が賦課方式で運営される場合の保険料と人口の関係について簡単にまとめるが，その前に完全な賦課方式の年金制度の前提には次の関係があることに注意する必要がある．

　　年金給付総額＝年金保険料総額　　　　　　　　　　　　　(1)

(1)式は必要となる年金給付額をすべて年金保険料で賄うということを意味している．通常，年金給付対象者は退職した老年世代であり，保険料を支払うのは現在働いている現役世代または若年世代である．つまり賦課方式を前提とした年金制度は若年世代から老年世代への再分配政策であり，公的年金制度が世代間の再分配政策と言われるのは(1)の関係式が前提となっていることによるためである．

さて，保険料と人口の関係であるが，(1)式の年金保険料総額は働いている人の数に保険料額を掛け合わせたものといえるので次のこ

とがいえる.

　年金保険料総額＝保険料率 (θ) ×賃金 (w) ×勤労者数 (L)　(2)

一方,年金給付総額は退職者数に給付額を掛け合わせたものである.給付額の本来の算定の方法はかなり複雑であるが大まかな目安として勤労者の賃金の一定の割合を保障することが公的年金の給付額を議論する際によく用いられる.その一定割合は所得代替率と呼ばれており,年金給付総額は次のように表すことができる.

　年金給付総額＝所得代替率 (κ) ×賃金 (w) ×退職者数 (R)　(3)

(2)式と(3)式の関係から保険料と人口について次のような関係があることが分かる.

　保険料率 (θ) ＝所得代替率 (κ) ×(退職者数 (R) ／勤労者数 (L))
(4)

上記の関係式から言えることは退職者数 R を勤労者数 L で割った比率が上昇する,つまり少子高齢化が進展する場合,賦課方式を前提とした公的年金制度では所得代替率 κ か保険料率 θ のどちらかを調整する必要がでてくる.伝統的な年金制度である確定給付型(DB)は所得代替率 κ を固定する制度であるため,退職者数の比率が上昇すれば保険料を引き上げざるをえないのである.ここで退職者数を勤労者数で割った比率に先ほどの老年従属人口指数を当てはめてみる.また,所得代替率は現役世代の賃金の50%と設定してみる.以上のような設定で1970年の保険料を求めると $\theta_{1970}=5.1\%$ $(=0.5\times10.2\%)$ となる.2000年では $\theta_{2000}=12.75\%$ $(=0.5\times25.5\%)$,2060年では $\theta_{2060}=33.45\%$ $(=0.5\times66.9\%)$ となる.このように賦課方式で運営する公的年金制度においては,所得代替率を固定する確定給付型(DB)である限り退職者数の比率が上昇するとそれだけ保険料の上昇圧力が強くなる.我が国では退職者の比率が今後大幅に上昇することが予想されており,公的年金を確定給

図2 収益率の推移

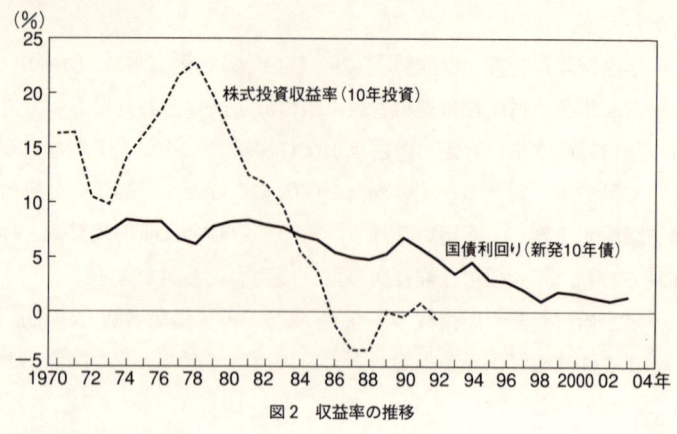

付型 (DB) で行うことのデメリットは大きい.

3.2 ── 運用収益率の変動

それでは,我が国においては確定拠出型 (DC) が適しているのであろうか? 我が国では今後大幅な退職世代の比率の上昇が予想されることから人口構造に中立的な確定拠出型 (DC) のメリットは確かに大きい.しかしながら,2節で述べたように確定拠出型 (DC) は運用収益の変動リスクを個人が負わなければいけない.ここで我が国の安全資産と危険資産の収益率について概観してみる.ここでは新規発行10年国債利回りを安全資産の収益率とし,危険資産の収益率を東証一部の株式投資収益率とする[8].それぞれの収益率の推移を図2に示した.

まず新規発行10年国債の利回りは1970年代は6%から8%の水準で推移している.80年代の前半は同程度の水準で推移するが80

---

[8] データであるが,新規発行10年国債利回りについては日本銀行『金融経済統計』から,東証一部の株式投資収益率は日本証券経済研究所『株式投資収益率』からそれぞれ用いた.

表2 安全資産と危険資産の収益率の平均と標準偏差

	安全資産	危険資産
平均	5.22	9.40
標準偏差	2.53	8.62

(単位:平均は%,標準偏差は%ポイント)
注1) 安全資産は新規10年国債利回り,危険資産は東証一部株式投資収益率.
注2) 新規10年国債利回りは1972-2003年の期間,東証一部株式投資収益率は1970-1992年の期間.

年代後半になると5%前後で利回りが推移している.10年国債の利回りの低下は90年代も続き1998年には0.972%まで低下した.その後も利回りの水準は低いままで2%を下回る水準で推移している.次に株式投資収益率を見てみる.今回は購入時から10年後に株式を売却するとした場合の収益率を用いている.70年代前半に株式を購入し10年後に売却した場合,9.8%から16.4%の収益が得られた.70年代後半の購入だと収益率はさらに上がり,16%から22.8%の収益が得られたことになる.それ以降はバブル崩壊後に株式を売却することになるので収益率は下落する.特に80年代後半以降に株式を購入し10年後に売却した場合,多くはマイナスの収益となっている.1987年購入,1997年売却の場合では▲3.5%の収益率となっている.表2には新規発行10年国債利回り(安全資産),東証一部株式投資収益率(危険資産)のそれぞれの平均と標準偏差を算出している.前者の期間中の平均は5.22%で標準偏差は2.53%ポイントであるのに対し後者の平均は9.40%で標準偏差は8.62%ポイントである.危険資産を多く保有すれば平均収益率も上がるがその分,収益の変動リスクも大きくなる.

確定拠出型(DC)のデメリットは収益の変動リスクを個人が負う点であると先ほど述べたが,簡単な数値例で収益が変動しない場合とする場合の個人の効用の違いを見てみる.まず収益が変動しな

い場合,例えば100万円が確実に消費できるとする.一方,収益が変動する場合,確率50%で50万円になり確率50%で150万円となりその額を消費するとする.ここで効用関数を$u=\log(c)$だとすると前者の期待効用は$E[u]=\log(c)$であり,後者の期待効用は$E[u]=0.5\times\log(c-\alpha)+0.5\times\log(c+\alpha)$である.$c$はここでは100万円の消費で$\alpha$は50万円ということになる.値を単純に代入すると前者は6で後者は5.9375となり前者が後者を上回る.等価変分で測ると前者は後者より15.5%高い.確定給付型(DB)は退職後に一定の所得が保障されている.一方,確定給付型(DC)では退職後の所得は個人の運用結果に左右される.仮に退職後の所得が期待値で見て同じである場合,一般的な人々は確定給付型(DB)を選択するであろう[9].そのため確定拠出型(DC)が確定給付型(DB)より有利になるには少子高齢化時代においても保険料を上昇させる必要がないというメリットが運用収益の変動リスクのデメリットを上回る必要がある.

3.3 ──── 平均余命の延び,生存確率の上昇

次に平均余命の推移を見てみる.我が国の平均余命は1947年では男子で50.06,女子で53.96にすぎなかった.1950-1955年の平均を国際的に比較すると我が国の順位は男子が29位(平均余命61.6)で女子が35位(平均余命65.5)であった.我が国の平均余命はその後急速に延び2003年では男子が78.36,女子が85.33となっている(図3参照).また1995-2000年の平均の値は男子が77.1で女子が83.8と男女共世界で1位となっている.世界で最も

---

9) 松浦・白石(2004)では我が国の家計や企業の資産選択について緻密な実証分析が行われている.

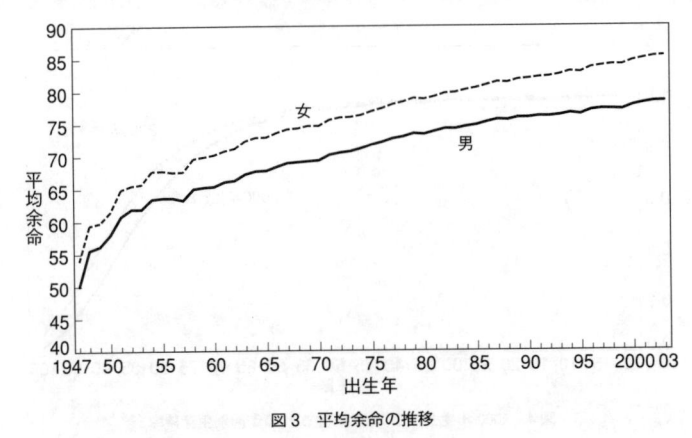

3 社会経済環境の変化と公的年金　　209

図3　平均余命の推移

長い我が国の平均余命は2045-2050年の予測値でもその順位は変わらない．平均余命の延びとは人々の生存確率が上昇したことを意味する．生存確率が上昇すればそれだけ退職後の期間も長くなる[10]．2節で述べたように確定給付型（DB）の公的年金では予想より長生きしても一定の給付額を生存期間中もらい続ける．一方，確定拠出型（DC）では個人の積み立てた以上の額を受け取ることはないため，予想より長生きした場合，資産不足となり退職後の生活費を十分に賄えなくなる．我が国の平均余命は過去50年で大幅に上昇したが今後も延びることが予想されている．2050年には男子で80.95，女子で89.22となることが予想されている．図4に男女平均でみた2000年生まれと2050年生まれの世代の生存確率[11]についてプロットしたが，図からも分かるように今後も長生きのリスク

---

10) もちろん，平均余命に合わせて退職年齢が引き上げられるのであれば平均余命の伸びが退職後の期間を長くすることはないが，実際の退職年齢が平均余命に完全にリンクしているわけではない．

11) 値は国立社会保障・人口問題研究所『日本の将来推計人口（平成14年1月推計）』の生命表から作成した．

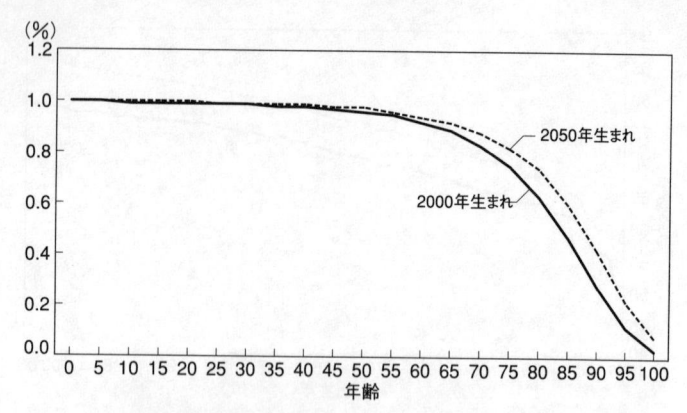

図4 2000年生まれと2050年生まれの年齢別生存確率

は高まっていくことが予想される．したがって，確定給付型（DB）の長生きのリスクを軽減するメリットを考慮して今後の年金改革について議論する必要があるだろう．

4 ── 簡単なシミュレーション分析

確定給付型（DB）年金にも確定拠出型（DC）年金にもメリット，デメリットがあるためどちらかの一方の年金制度で公的年金を運用すると，人々の効用水準を低める可能性がある．以下ではMiyazato（2004）で行われているシミュレーション・モデルを簡単化し分析することで，少子高齢化時代に適した公的年金について考察する．シミュレーションの前提となるモデルの詳細は補論に譲ることにし，ここではまずモデルのエッセンスを簡単に述べることにする．モデルの特徴として以下のことを挙げることができる．

① 人々は期待値で同じ額であれば変動する所得や消費よりも変動しない所得や消費を好む．
② 人々の収入源は労働所得，資産の運用益，年金給付の3つからなる．

③ 資産の運用利回りが変動することにより運用益も毎期変動する．一方，労働所得は一定の値で伸びるが毎期ごとに確率的な変動はしない．

④ 人々は生存リスク（または死亡リスク）に直面している．

以上の点がシミュレーション・モデルの大まかな特徴であるが，①は人々の効用に関するものであり，期待値で見て同じ消費額であれば変動するより変動しない時のほうが効用が高いということを意味している．これはシミュレーション分析でよく用いられる仮定である．②は人々の予算に関するものである．本章では複雑な分析を避けるために人々の収入源は労働所得，貯蓄などの資産からえられる利子所得（あるいは運用益），そして退職後に得られる年金給付からなると考える．③は確定拠出型（DC）年金制度の特徴に挙げられる運用収益の変動を表している．④は長生きのリスクをシミュレーション分析で評価するために個人は毎期ごとに生存するか死亡するかについて確率的に直面しているとする[12]．以上のような前提を置きシミュレーション分析を行った．

シミュレーションの結果は図5，図6に示されている．まず図5では賃金成長率を年率2％，運用収益の平均を年率2％，運用収益の標準偏差を年率5％ポイント，生存確率を第1期で100％，第2期は80％と設定した．そのような設定の下で人口成長率を標準ケースと低いケースに分けてシミュレーションしてみた．人口成長率は標準ケースで年率2％，人口成長率低下ケースでは年率0.5％である．また分析では効用水準を直接比較するのではなくて等価変分を用いている[13]．図5の横軸は所得代替率であるので確定給付型

---

[12] 小塩（2000）においても不確実性を考慮した公的年金についてのシミュレーション分析が行われているが，長生きのリスクについて考慮されていない．

[13] 等価変分は例えば所得代替率0.2と所得代替率0とを比較して，どれだけの金

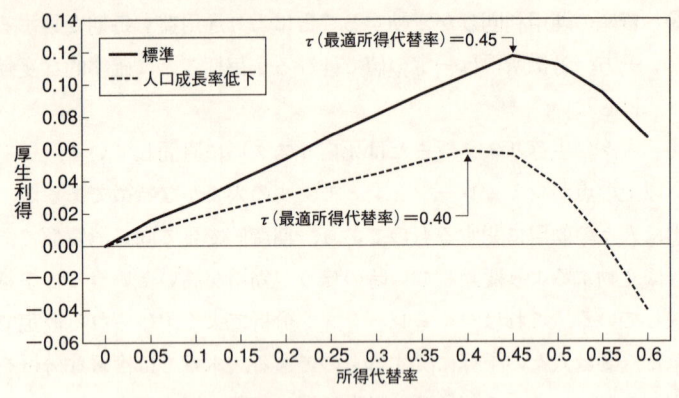

図5 人口成長率低下の影響

(DB) の公的年金の規模を表すものと考えることができる．縦軸はそれぞれの所得代替率のもとでの厚生利得を表している．また，今回は所得代替率は0.05の間隔で分析を行った．標準ケースを見ると所得代替率が上がるにつれてしばらくは厚生利得も上昇することが分かる．つまり所得代替率が0の時よりもしばらくは所得代替率を引きあげる方が効用を高める．所得代替率0というのは確定給付 (DB) 部分が完全にないケースであり個人は完全に自らの貯蓄で老後の生活を賄うことを意味する．このケースは老後の所得保障を確定拠出 (DC) 年金で全て行うケースとも考えることができる．確定給付 (DB) 部分が全くないケースでは人々は運用収益の変動リスクや長生きのリスクに直面している．それらのリスクを回避できれば人々の効用は高まるわけであるから所得代替率を引き上げることは望ましいということになる．しかしながら一方で確定給付 (DB) 年金は所得代替率を高めれば保険料も上昇するデメリットを

額を与えれば所得代替率0.2の時と同じ効用水準を得ることができるかを表す値である．等価変分から厚生利得を計算する．

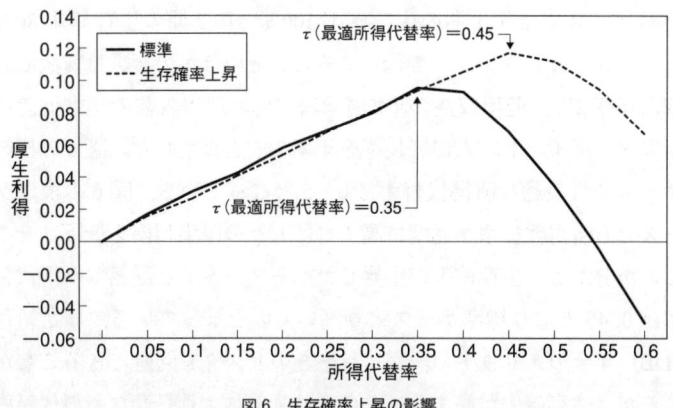

図6 生存確率上昇の影響

持っている．保険料が上昇しすぎると生涯の可処分所得を大幅に低下させ，かえって人々の効用水準を引き下げることが予想される．シミュレーションの結果からも所得代替率を上昇させすぎると厚生利得を低下させることが分かる．標準ケースでは厚生利得を最も高める所得代替率は 0.45 であり，それ以上の所得代替率の引き上げはかえって厚生利得を引き下げる結果となっている．図5では人口成長率が低下した場合についても分析している．人口成長率が年率 2％ （$(1.02)^{30} \fallingdotseq 1.811$）から 0.5％（$(1.005)^{30} \fallingdotseq 1.161$）に低下した場合，最適な所得代替率は 0.4 と基準ケースに比べて低下する．人口成長率の低下は保険料の上昇をもたらすため，生涯の可処分所得の低下をもたらす．人口成長率が低下した状況において高い所得代替率を維持することは高い保険料を支払わなければならず，確定給付（DB）年金のデメリットが大きくなる．そのため人口成長率の低下した社会においては過大な所得代替率は人々の効用を低下させる．次に生存確率の上昇が最適な所得代替率にどのように影響を与えるかを分析したのが図6である．図6の標準ケースでは第1期の生存確率を 100％，第2期の生存確率を 50％ とし，生存確率

上昇ケースでは第1期の生存確率100%，第2期の生存確率80%としてシミュレーションを行ってみた．そのほかの変数は賃金成長率が年率2%，運用収益の平均を年率2%，運用収益の標準偏差を年率5%ポイント，人口成長率を年率2%と設定した．図6の標準ケースでは最適な所得代替率は0.35となっている．図6の標準ケースでも所得代替率が過度に高まれば人々の厚生利得を低下させることが分かる．生存確率が上昇したケースをみると最適な所得代替率は0.45となり標準ケースより高いものとなっている．確定給付（DB）年金のメリットの一つに長生きのリスクを回避できることがあるが，生存確率が高まればそのメリットにより最適な所得代替率は高まることになる．もちろん生存確率が高まることは出生率が上昇しない限り退職世代の比率を高め保険料上昇圧力となる．メリットの一部は相殺されることになるが，長寿化が進行する社会においては長生きのリスクを回避する確定給付（DB）年金のメリットは小さくないと思われる．

実際の政策インプリケーションを導き出すためにはより精緻なシミュレーションを行わなければならないが，確定拠出（DC）型へ公的年金を完全に移行するより確定給付（DB）部分をある程度残す方が人々の効用を高めるということはここでの分析でも言えるだろう．

5 ── まとめ

本章ではリスクシェアリング機能を持っている伝統的な確定給付型（DB）の年金制度をどの程度維持する必要があるのか，あるいは世代間格差を解消するためにどの程度確定拠出型（DC）の年金制度を受け入れなければいけないのかについて検討を行ってきた．少子高齢化が進展する社会において確定給付型（DB）は保険料を

5 まとめ

上昇させ世代間格差を生み出すが,その年金制度はもともと運用収益の変動リスクや長生きのリスクを回避するメリットを持っている.本章で行ったシミュレーション分析にもとづけば確定給付部分を完全に排除し公的年金を完全に確定拠出型(DC),つまり完全に個人勘定化することは人々の効用を引き下げることが示されている.確定給付部分の完全な排除は年金や社会保障制度が持っているリスクシェアリング機能を排除することになるからである.とはいえ,我が国の少子高齢化に伴う世代間格差はかなり深刻であるためリスクシェアリング機能を一部犠牲にしても確定拠出的要素を受け入れる必要がある.それではどの程度,確定給付部分を維持し確定拠出的要素を受け入れる必要があるのであろうか? 今回のシミュレーション分析や現実に近い設定を行った場合の最適な所得代替率が約40%であることから[14],現役世代の給与の約4割程度の水準の確定給付年金を維持するのが良いことになる.一方,2004年に行われた公的年金改革では所得代替率が50%を下回らないことが政策的に大きな意味を持っていたが,今回の分析ではそれよりも低い確定給付の水準(あるいは所得代替率)を維持するのが良いことになる.シミュレーション分析には多くの前提条件があるため今回の数値結果ですべてを見通せるわけではないが,少なくとも年金や社会保障の完全な個人勘定化は人々の効用を引き下げることになるとは言えそうである.しかし,我が国の深刻な世代間格差を考慮すると所得代替率50%を維持する確定給付は過大な水準といえよう.

今回の分析では伝統的な年金制度である確定給付(DB)と近年注目を浴びるようになった確定拠出(DC)という両極端な年金制

---

14) Miyazato(2004)では実際の人口プロファイルを用いてより複雑なシミュレーション分析を行っている.そこでの分析でも最適な所得代替率は40%に近い値となっている.

度を考えて分析を進めてきた.スウェーデンは公的年金を確定拠出(DC)型へと転換したが,運用収益率が加入者間で変わるということはなく,ある意味,確定給付的要素を残している.そのため実際の年金制度改革の際に確定給付(DB)対確定拠出(DC)といった単純な対比をするには注意をする必要がある.しかし,リスクシェアリング機能と世代間格差の両方を考慮し真に必要とされる規模の公的年金や社会保障制度を確立するということが非常に重要であることは間違いないであろう.

6 ── 補論

シミュレーション分析を行う際には分析の前提となるモデルを設定しなければいけないが,まず効用関数については多くの分析で行われている以下のような期待効用を用いる.

$$E[\sum_{i=1}^{n}\beta^{i-1}P_i u(c_{i,t})] \tag{5}$$

P_i は i 歳の生存確率であり,c_i は i 歳時の消費,β^i は i 歳時における割引率,t は時点を表し i は年齢を表す.また,各期の効用関数は以下のような相対的危険回避度一定の CRRA 型を用いる.

$$u(c_{i,t}) = \frac{c_{i,t}^{1-\gamma}}{(1-\gamma)} \tag{6}$$

γ は危険回避度を表す係数で個人が消費の変動にどれだけ敏感であるかを表すとも言える.また,個人は現役時は労働所得 w_i を得て退職後は公的年金給付 b_i を得る.資産収益率を r とし,年金保険料を θ とすると個人の毎期の予算制約式は次のようになる.

$$c_{i,t} + a_{i,t} = (1+r_t)a_{i-1,t-1} + (1-\theta_t)w_{i,t} + b_{i,t} \tag{7}$$

$a_{i,t}$ は i 歳での資産を表している.年金給付 $b_{i,t}$ は現役時にはもらえず($b_{i,t}=0$),退職後にもらえる($b_{i,t}>0$).年金は確定給付型(DB)で給付されるとし,給付額は現役世代の賃金の一定割合を保障(所

得代替率）するものと考える．現役世代の賃金が $\bar{w}_t$，所得代替率が κ だとすると年金給付額は $b_{i,t} = \kappa \times \bar{w}_t$ となる．財政方式は賦課方式を前提とするため，年金給付総額と年金保険料総額が等しくなるように保険料を調整すると考える．従って年金保険料は2節で述べたように(4)のように決まる．また，運用収益の変動を考慮するために資産収益率は平均 μ，分散 σ^2 の正規分布 $N(\mu, \sigma^2)$ にしたがって変動すると考える．本章では運用収益が毎期変動するため動的計画法（Dynamic Programming）で個人の最適化問題を解いている．個人の最適化問題は以下のような問題を解くことによって求めることができる．

$$V_{i,t}(x_{i,t}) = \max_{c_{i,t}} \left\{ u(c_{i,t}) + \beta^{i-1} \frac{P_{i+1,t+1}}{P_{i,t}} E[V_{i+1,t+1}(x_{i+1,t+1}) \mid r_t] \right\} (8)$$

s. t.(7)式

$V_{i,t}$ は状態評価関数（バリュー・ファンクション）と呼ばれるものである．ここで状態変数は資産と運用収益率であり $x_{i,t} = (a_{i-1,t-1}, r_t)$ である．このような設定で将来推計人口のような実際の人口プロファイルにあわせてシミュレーションをすると計算が複雑になるので，本章では一定の人口成長率を外生的に与えてシミュレーションする．また，本章では計算を簡単にするために個人は最大で2期間生存するモデルを前提とする．各パラメータの値は1期間を30年として年率の値を30乗することでシミュレーションを行っている（例えば年率2%の賃金成長率だと1期間は $(1.02)^{30} = 1.811362\cdots$ としている）．以上のモデルを用いてシミュレーション分析を行った．

【文献】

麻生良文・吉田浩，1996，「世代会計からみた世代別の受益と負担」『フィナンシャル・レビュー』第39号．

Diamond, Peter, 1977, "A Framework for Social Security Analysis," *Journal of Public Eco-*

nomics 8 (3): 275-298.

Feldstein, Martin and Elena Ranguelova, 2001, "Individual Risk in an Investment-Based Social Security System," *NBER Working Paper* No. 8074.

八田達夫・小口登良,1999,『年金改革論――積立方式へ移行せよ――』日本経済新聞社.

松浦克己・白石小百合,2004,『資産選択と日本経済』東洋経済新報社.

Miyazato, Naomi, 2004, "Public Pension Reform under Uncertainty: The Risk of Return and Increasing Longevity," mimeo.

National Social Insurance Board in Sweden, 2002, *The Swedish Pension System Annual Report 2001*.

小塩隆士,2000,「不確実性と公的年金の最適規模」『経済研究』51 (4): 311-320.

高山憲之,2004,『安心と信頼の年金改革』東洋経済.

【データ】

国立社会保障・人口問題研究所『日本の将来推計人口(平成14年1月推計)』.

総務省『国勢調査報告』.

日本銀行『金融経済統計』.

日本証券経済研究所『株式投資収益率』.

8 | 変化する社会の不平等

白波瀬佐和子

1 ── みえてきた格差

　本書は，少子高齢化という着実に進行する変化に潜む不平等構造を明らかにすることをめざした．少子高齢社会の到来と言われる一方で，実際にどのような社会になるのか，実はわからないことが多い．子どもが少なくなり，年寄りばかりの世の中になるといわれても，実際にそれがどのような社会なのか，わかるようでわからない．少子高齢化という人口変動は，マクロな変化として捉えられ，この量的な変化が実際の社会経済メカニズムとどのように連動しているのかについての研究はまだ十分ではない．事実としての変化は現在から過去を見て変わったこととして捉えられるが，この変化が今後どうなっていくのかは突き詰めていけば憶測の域をでない．しかし，だからといって一寸先は闇というわけでもない．ここに現在の，あるいは過去のデータを緻密に分析し社会のメカニズム，パターンを明らかにする意味がある．世の中はじっとはしていないが，ゼロから100へと常に大きく波打っているわけでもない．物事が見えるためには，静的な状態がなければ認知できない．いまある問題を解明することは，将来の問題を推測し対応する備えをすることに通じる．

　急速な変化にある社会の中で，これまであまり見えていなかった格差問題に着目することは，これまでその格差が存在しなかったから見えていなかったのだと捉えるよりも，どうしていまその格差が

問題となるのかを議論することに意味がある．これまで単に見過ごされてきただけに過ぎないテーマに気づき，それを指摘したところで，議論はそこで終わってしまう．これまで見過ごされてきた格差にどうして注目しなければならなくなり，またこれまではっきりと見えていなかった格差が顕在化したのは何故なのか，を議論し考察することこそ重要である．以下に順を追って各章の知見をまとめつつ，少子高齢化の変化の中でみえてきた不平等，格差の意味を考察したい．

2 ──── 少子高齢化の不平等

第1章の「爆発する不平等感」（佐藤）は，マクロなレベルの人口動態の一側面である少子化をミクロなレベルで捉えなおし，1990年代以降の活発化した不平等化論の背景にあるメカニズムを明らかにした．子どもを持たないものが増加した結果の少子化を，ミクロなレベルで捉えると，親と子の連続性が欠如することをいう．この親と子の連続性の欠如を意識のレベルで捉えると，限られた自らの一生の中でのみ人生の帳尻あわせを余儀なくされることを意味する．言い換えれば，一億総中流社会が叫ばれた背景には，人々の不平等感の喪失がある．マクロな経済成長を背景に，わが子の生活は自分よりもきっとよくなるという成長信奉と，親と子の連続性によって，不平等感が目隠しされてきた．いくら自分が不条理な立場にあろうとも，子どもが自分の不条理も踏み越えて豊かな生活をしてくれる．そのことを思えば今の状況など問題ではない．こういった人生の帳尻あわせが親から子へと長い連続した時間軸の中で実現していたことが，不平等感を喪失あるいは不平等に対する認識を鈍化させたと，佐藤は訴える．しかしながら，近年，子どもを持たずに人生を全うするチャンスが高まり，自らの限られた一生の中で人生の帳尻あわ

せをしなくてはならなくなった．この帳尻あわせの時間が短縮され，限定的になったことが，人々の不平等に対する感性を呼び起こし，不平等感が爆発したのだと佐藤は分析する．

しかしながら，高い不平等感を示すのは子どもをもたずに人生を全うしようとする中高年層ではなく，まだ結婚や出産を経験していない若年層である．将来の家族について未知数の多い若者層の間で不平等感が高いということは，彼／彼女らが子どもを持たない人生の帳尻あわせの時間的な制限を実感しているというよりも，親子の連続性の欠如を憶測し雇用状況の悪さといったマクロな状況を受けて不平等感を募らせていると解釈できる．つまり，人々の「爆発した不平等感」が具体的な実体験なしに形成されている部分と，実際の就職活動等を通したマクロな経済状況の悪さを実感して形成されている部分があることを物語っている．

近年における「不平等感の爆発」の背後にあるメカニズムは，不平等感の喪失の背後にあったメカニズムを単純に裏返したロジックだけで説明がつくとはいえない部分がある．つまり佐藤論文から得られる重要な知見は，親と子の連続性の欠如に加えてマクロな経済状況の悪化が個人の見通しを悪くしているというところにある．言い換えれば，個人がわが子という連続的な次世代を持たないこと（佐藤は子を「準本人」とみる）と，人生の帳尻あわせの間にマクロな将来見通しが介在しているという，個人の意識を形成するにあたってのマクロとミクロなレベルの交差がきわめて興味深い．

さらに佐藤は機会の平等に触れ，原理上の問題としてのみ議論が終始する傾向にあった問題点を指摘する．確かに，機会の不平等／平等は結果を通してしか見えないし，推測の域から完全に超えることができない．実際に手にとって図ることのできないことを，なんとか説き明かしてみようともがいても結局は議論のための議論にな

ってしまう．しかし，だからといって，極論をしてあたかも答えがでたかのように安易に手を打つのもつまらない．佐藤はそんな退屈な妥協より，機会の不平等の問題に果敢に挑戦しつづけていきたいと，論文を締めくくる．不平等，不公正の問題を原理上の議論にのみ終始することなく，具体的な政策へと橋渡しできるようその背後にあるメカニズムを明らかにしようと果敢に取り組むことこそが，われわれ社会科学者に課せられた一つの重要なテーマである．

第2章の「不平等化日本の中身」（白波瀬）は，人口の変動を人々の生き様の変化から捉えるために世帯構造の変動に注目し，少子高齢化を経済的不平等から議論した．ここでの最も重要な知見は，少子高齢化とは，結婚をして子どもを生み，その後，親が年老いて同居し親の世話をする，といったこれまでのライフコースの典型から逸れることをさす．典型から逸れることが高い経済的リスクと密接に関連していることが重要な問題である．一生結婚をしない，子どもを持たない，高齢になっても一人で暮らす，といった状況は着実に増加傾向にある．また，結婚しても同じ伴侶と一生を添い遂げない場合もまだ少数派とはいえ増えている．このように，少子高齢化とは人々の生き様がこれまでの典型から外れて多様になる過程を内包している．

人々の生き様は多様になり，家族のあり方も多様になった，と言われる割には，典型から外れた場合の経済的リスクの高さは顕著である．少子高齢社会に向けてのあるべき社会政策の方向性は，このような典型から外れる場合をどのように制度の中に組みこんでいくかという点にかかっている．確かに典型から外れる場合は数的にはまだ多数派ではない．しかし，引退世代に対する現役世代の相対的な縮小と同様に，典型から外れた場合を単なる例外として扱うのではなく，今後着実に増えるであろう少数派を社会全体でいかに支え

ていくかが，重要な政策課題となる．少数派を全体でどう支えるか．これは多数派のための福祉政策といった既存の枠組みからの大きな方向転換を意味する．少数派のもつ社会的な不利をどう分散していくか．これこそが，これからの少子高齢社会に向けてわれわれが検討すべき，政策課題である．

　第3章の「中年齢無業者から見た格差問題」（玄田）は，これまでの不平等論であまり議論されてこなかった側面に注目した点で貴重である．中年層の格差は縮小傾向にある．しかしそれはすでに就業している多数派のみに限定した場合であって，就業していないもの，無業者の増大が，中年層に認められる．これまで中年男性というと大多数が仕事に就き，一家を支える大黒柱としての位置づけを疑いなく受け入れてきた．中年層で仕事に就かないものといえば既婚女性であって，中年男性が仕事もせずに，家庭も持たずにいる，という状況など，そうやすやすとイメージされてこなかった．しかし，仕事につかずに求職をしていない，つまり失業者でない無業者が，まだ少数ではあるが確実に上昇している，と玄田は指摘する．そこでの最も深刻なケースは，求職の意思を明らかにせず，仕事を希望していない無業者（「非希望型無業者」と呼ぶ）である．彼らは学歴も低く，これまで一度も仕事についた経験を持たないものが多い．いま，どこを見ても若者論が盛んである．しかし彼らも年をとる．いまフリーター，ニートと呼ばれる何割かは，そのまま中年期に突入する可能性をもつ．継続的に労働市場と安定した関係をもち得ないということが，社会的にどのような意味をもつのか，われわれは真剣に検討する必要がある．

　玄田論文のもう一つの重要な知見は，中年無業者の問題を捉えるには雇用対策という枠組みのみならず福祉対策からの視点が必要であるとしている点である．事実，彼らの仕事に就かない主な理由と

は，病気である．健康でないこと，仕事をするか，しないかが選択肢としてない場合の配慮が，これまでの雇用政策論の中で大きく欠けていた．これまでの不平等論，格差論は労働市場を中心に，所得を持つものを中心に展開されてきた傾向にあり，たとえ労働市場にいないものを考慮にいれても引退高齢層や専業主婦に限定されてきた．言い換えれば，精神的，肉体的に健康な状況になく，仕事に就けない場合は，ほとんど分析視野に入ってこなかった．もっとも，玄田が示すように，仕事を持たないものが低所得であるとは必ずしもいえず，その中身は多様である．しかし，働き盛りという言葉に代表されるように，中年期は中堅として仕事を切り盛りし，一家を支えることが当然とされていた状況がきしみ始めていることも事実である．

現在50代で未婚のまま一人暮らしをする割合が増えている．さらには離婚して一人暮らしをするものも増えている．2007年問題として団塊の世代はそのサイズの大きさが注目される傾向にあるが，50代はじわじわと進行する生き様の変化が顕在化し始めた層ともいえる．多様な生き様を内包した彼らが一斉に引退期に入ることを，一体われわれはどう制度的に位置づけていくべきなのか．格差，階層という視点が一層重要になることを玄田論文は示唆している．

第4章の「少子高齢化時代における教育格差の将来像」(苅谷)では，平等理念の貫徹を具現化した制度の一つである義務教育に着目し，少子高齢化という人口変動がその平等理念を大きく揺るがす危険性を訴える．義務教育は機会均等原則を前面に打ち出し，かつ無償で教育を提供することで教育の機会均等を確保してきた．その中，階層研究において義務教育が「定数」としてのみ位置づけられてきたことを問題視し，義務教育の費用負担と格差問題の接点を明らかにしようと果敢に試みたのが本論文である．人口学的に義務教

育の費用負担をとらえると,少子化に伴う児童生徒数の減少と,教員の高齢化がもたらす教育人件費の高騰の2つの側面がある.少子高齢化と一概にいっても義務教育を提供する教員の高齢化は,地域によって異なる.地域によってその財源も,またその地域の教育行政を提供するマンパワーの高齢化の程度も大きく異なる.これらの違いは単なる違いではなく,資力,財力,ひいては地域力の違いとなって現れる.

全国一律に標準化された義務教育を保障し提供することは,生まれ育つという社会空間の差異をできるだけ除去し,人生のスタートラインにおける機会の平等を確保することで,教育機会の平等を目に見える形でアピールすることを可能にしてきた.しかし,地方の財源力が異なり国による財政調整も弱まって地域格差が表面化すると,どの地域で義務教育を受けるかが個人の属性となり,その後の個人の業績に影響を及ぼしていく.そこでは,義務教育を通した機会の平等は目に見えて崩れ去り,どこで義務教育を受けたかという社会的空間が新たな不平等を生んでいく.

小さな政府が志向される中,国による財政調整が最低に抑えられ,地域による財政力の格差が顕在化すると,義務教育というこれまで平等原理が確保されていたところにさえ不平等が浸透していく.これまで,どこで義務教育を受けようが,その後の人々の業績に何ら影響を及ぼさない,という大前提があった.しかしこの大前提は少子高齢化のもとで大きく崩れ,どこで義務教育をうけたかという空間的な場が個人の業績達成に影響を及ぼすようになる.同じスタートラインに立っているという原則への幻想が崩れていくことで,大衆教育社会が前提としてきた教育を通じた競争の公平性への幻想も揺らいでいくと,苅谷は述べる.少子高齢化に伴うこれまでの幻想崩壊を見越した苅谷の警告は,辛らつである.近視眼的な,短期間

の採算あわせで手を打とうとするような,安易な政策決定がもつ大きな落とし穴を本論文は示唆する.

第5章の「健康と格差 少子高齢化の背後にあるもの」(石田)は,強い平等理念がこれまで暗黙の了解となっていたもう一つのテーマである健康を階層論の枠組みから分析し,健康であることにおける階層差を正面から取り組んだ点で貴重である. 1961年に国民皆保険制度が成立して以来,だれであろうが,どこに住もうが,平等に医療サービスを受けることができることを前提として制度が構築された.しかし,医療サービスの平等アクセスという制度の下で,健康である機会は万人に平等であるのだろうか.医療の問題は健康の問題というよりも,高齢化に伴う医療費の高騰として注目されてきた.加齢に伴い,病気になる確率は高まる.しかし,加齢による健康の衰えは高齢者に一様に認められることであるのだろうか.石田は人々がこれまで最も長くついていた就労をもとに高齢者の階層上の地位を決定し,その階層により高齢者の健康状態に違いが見られるのかを実証分析した.その結果,慢性疾患になる確率は,階層によって有意な差がない.専門管理層の高齢者であろうが,ブルーカラーの非熟練従事者であろうが,慢性疾患の有無に関する違いはない.しかしながら,肉体的なだるさや日常的な活動制限,抑うつ症状,主観的な健康状態といった,生活の質として健康をより広く捉えると階層の違いが有意な効果を及ぼす.言い換えれば,病気になるかどうか,といった目に見えやすい健康指標に明らかな階層上の違いは認められなかったが,肉体的だるさや主観的な健康状態といった見えにくい健康指標に階層差がある.

石田論文の最も重要な知見は,健康という平等理念の信奉がきわめて強いところで,階層間格差が存在していることを指摘した点である.人々の健康状態は年齢でのみ議論されることが多かった.事

実，医療費の高騰はその主な原因が高齢化に求められている．確かに高齢になるほど，健康な状態を維持することは難しくなる．しかしながら，65歳になったからといって，すべての高齢者が一様に病気になりやすくなるわけではない．病気か否かといった目に見えやすいところではなく，健康意識や医療機関へのアクセスの程度など，見えにくいところで階層格差が存在している可能性がある．健康における格差が近年より人々の関心を引くようになってきたのか，あるいは実際に格差が拡大したのか（健康の不平等化が進んだのか）の問いに対する答えはまだない．それでも少子高齢化が進む中，生活の質としての健康の問題がますます重要な政策課題となることは疑いない．

第6章「遺産，年金，出産・子育てが生む格差」（松浦）は，親を選べない不条理を遺産というミクロな世代間継承に着目して，年金というマクロな世代移転と，出産・子育てというミクロな行為から説明することを試みた．子どもは親を選べないが，その親が子どもが保有する機会の一部を決定し，結果の不平等へと発展させていく不条理なメカニズムを明らかにした点で，本論文はユニークである．親から受け継がれた機会の不平等が結果の不平等へと子世代の格差を温存，あるいは拡大しないよう，税制等を通してミクロな世代継承の流れを止めることが，格差の縮小に大きく貢献すると松浦は説く．

さらに松浦論文の重要なメッセージは，母親に過剰に降りかかる子育て負担や社会的支援の貧しさといった子育ての問題を，子育ての喜びという私的評価にすりかえて，子どもを生み育てることを極度に私的なものと位置づけ，社会が子育てに関する責任を回避してきたと訴えているところである．少子化の背景には，子育てをきわめて私的な活動として位置づけた巧妙さがあった．しかし，その巧

妙に位置づけられた私的活動としての子育てには，実のところ地域や社会の接点が不可欠であったという皮肉が潜んでいた．にもかかわらず子育てが閉鎖的な私的空間で実現され，社会的責任を回避し続けてきたつけが，少子化という現象として表面化した．

第7章「社会保障の個人勘定化がもたらすもの」（宮里）は，公的年金制度に着目し，少子高齢化に伴う世代間アンバランスを解消するための個人勘定化への移行が，人々の厚生を有意に高めるのかをシミュレーション結果を提示しながら議論した．これまでの公的年金制度のように単年度制をとる賦課方式を前提とした確定給付型では，相対的なサイズが縮小する現役世代に高い負荷がかかり，世代間格差が深刻化することが指摘されてきた．しかし公的年金に賦課方式を用いる背景には，疾病や失業，加齢といった将来のリスクをプールし，社会で分散させていこうとする重要な機能があった．一方，運用収益の変動リスクを個人が担っていく確定拠出型では，様々なリスクを個人に帰属させていく一方で，マクロな人口変動の影響は受けない．急速な少子高齢化のもと，世代間アンバランスが緊急の検討課題として取り上げられている現在，個人勘定化への動きも納得できる．しかしながら，完全な個人勘定化への移行は個人の厚生を必ずしもあげることにはならないというのが，本分析の結果である．

宮里論文の重要な知見は，人口構造が急激に変動することで現役世代と引退高齢世代のバランスが大きく崩れようとも，社会で将来のリスクをシェアする社会保障制度のメリットを人々は決して過小評価していない，という点にある．個人勘定化をともなう確定拠出型への移行か，従来の確定給付型の維持か，という1かゼロかの選択ではなく，互いの制度の利点を最大限活用した適正規模の制度を確立することこそ重要なのだと，宮里は述べる．そこで次なる検討

課題は，何が適正規模なのかという点である．この問いに対する答えはまだない．公的保障の規模，あるいは公と私との役割分担について，さらなる研究が急務である．

3 ── 変化する世の中にひそむ不平等

　少子高齢社会は，若い人が少なくなり，年寄りが多い社会であり，ひとへの投資が高い社会でもある．そこでは，社会福祉サービスへのニーズがこれまで以上に高くなる．その高いニーズをどのように分散させ，多層的に支えていくかが，少子高齢社会を迎えるにあたって最も重要な政策課題となる．多層的とは，ニーズに対応するサービスを提供する主体者に，家族，自治体，国家のみならず，NPO・NGOなどの非営利機関といった新たな参入者も含む．しかし，新たな参入者を受け入れることが，国や地方自治体のいわゆる公の責任を自動的に軽くするものでもない．事実本書では，少子高齢化の中で様々な側面で格差が存在していることが共通して指摘されると同時に，皮肉にも，政府に期待される役割も同様に大きいことも共通して認められた．期待される役割の大きさが大きな政府と必ずしも直結するわけではない．おそらく政府へ大きく期待される役割は，家族，地域，市場，非営利団体等の様々なアクターと連携し，綿密な役割分担のもとで，実現されるべきものであろう．

　本書では，少子高齢化という変化に着目して，不平等，格差のメカニズムを分析，検討してきた．これらの分析から浮かび上がってきた重要な点は，不平等と一言でいってもその中身は一様ではないし，極度に単純化された結論をだせるわけでもないことである．これまで見えにくかった，少なくとも十分な焦点があたってこなかったところで，不平等や格差が存在していた．また，少子高齢化は人々の生き様や家族のありようの変化と呼応していた．にもかかわ

らずこれまでの典型からずれることの社会経済的リスクは高く，その高いリスクを社会で分散する機能はまだ十分でない．少子高齢化にある典型から外れた多様な生き様を制度的に支える受け皿の不十分さが，本書全体を通して明らかになった．

どのような社会経済的地位にある親に生まれたかは，子どもの一生を決める上に依然無視できない効果を及ぼす．だからといって，第1章で佐藤も言及しているように，親と子の連続性を完全に否定するものでもない．ただ，親から子へと移転され所与としての条件が子の人生のスタートラインの位置を大きく左右し，スタートラインの違いがその後も継続して縮小することなく，子の一生も決めていくような世の中は，望ましくない．しかし，たとえスタートラインが多少でこぼこでも，その後軌道修正できるようなターニングポイントがいくつか用意されているような社会環境が整っていれば，スタートラインでの違いや，一度や二度くらいの躓きにも大きく動揺する必要がなくなる．少子高齢化の中で，個人の生き方が多様化し，これまでの典型に収まりきらないケースが増えても，そこで重要なことは，これまでと違った生き様を選んだこと自体がその後のさまざまなリスクを一律に決定しないことである．

駆け足でやってくる世の中の変化に，われわれ社会科学者は何をなすべきなのか．それは，世の中の変化に対して，過大評価することなく，だからといって過小評価することもなく，一定の距離を保ちできるだけ冷静に社会を分析することである．社会科学者としてのトレーニングを受けるということは，世の中を，世の中の変化を，一定の距離をもって見据えることである．世の中の動きや問題に敏感に立ち向かいつづけること，これがわれわれ研究者に期待されていることだと私は考える．世の中の人々の直感を，素人の嘆きと軽んずるつもりはさらさらない．それよりもその直感にある社会の，

経済の，政治のメカニズムを距離をもって解き明かすことこそ，われわれに課された任務である．人々の大きく揺れ動く心を安易に助長するようなことは，研究者としてなすべきことだとは思えない．目にみえる世の中の変化の中で，社会の配分メカニズムはどのように変化し，また変化していないのか．本書をもってしても志半ばであることは，いま本章を書きながら実感する．それでも，すでに序章で述べたとおり，世の中の変化と無変化に敏感に立ち向かう心構えは持ち続けていたいと思う．本書での議論が何か少しでも世の中の仕組みを明らかにすることに役立ったなら，この上ない幸せである．世の中の複雑に絡むメカニズムを紐解く目をこれからも磨き続けたいと思う．

あとがき

　本書は，格差，不平等，階層をテーマにする社会学者と経済学者の共同研究から生まれた．本書の刊行に至るまでに，実は6年近くの時間がかかっている．6年前，所得格差に関する実証研究を始めるために，二人の経済学者に声をかけた．その二人が，松浦克己氏と玄田有史氏である．彼らは全く面識もない私の誘いを快く受けてくれて，本書の母体となる研究会が発足した．異なる専門でありながらも，共通テーマに取り組む面白さを味わって，社会学者と経済学者からなる本格的な共同研究をさらに発展させたいと考えた．格差や不平等の問題は，社会学と経済学が共通に取り組んできたテーマである．しかし，2つの領域の専門家による本格的な共同研究はまだ少ない．4年前，社会学者の石田浩氏，苅谷剛彦氏，佐藤俊樹氏，西村幸満氏と経済学者の宮里尚三氏の5名が加わって，本研究の第2フェーズに突入した．かなり忙しい合間を見つけての研究会であったが，高い出席率で共同研究が続けられた．そして2年前，本研究の第3フェーズに突入し，これまで積み重ねてきた研究をまとめて，一冊の本として刊行することに目標を絞った．第3フェーズでは，「少子高齢社会の社会経済的格差に関する国際比較研究」（厚生労働科学補助金政策科学推進事業）として研究助成を受け，本書刊行まで研究を進めることができた．

　このように3つのフェーズを経た研究会の中で，予想以上に少子高齢化が進み，格差の問題，不平等の問題も当初我々が思いもよらなかったほどの注目が集まっている．ホットな話題であるだけに，

ややもすると過激な言葉や極論も見受けられる．格差・階層論の専門家としてやってきた我々は，そんな世の中の流れに安易に流されることなく，格差や不平等の問題に距離を保ちつつ，実証研究者としてトレーニングを受けた目を最大限に生かして現実を直視したいと考えた．格差や不平等が突然表れたわけではないが，これまで見えてこなかった局面が表れてきた．以前から存在していた格差や不平等のもつ問題は根が深く一筋縄ではいかないと同時に，様相を変えて世の中に見え隠れする巧妙さを持ち合わせている．だからこそ，安易に極論したり，過激な言葉で人々の不安を煽るようなことのないよう，一研究者としての誠意をもって，社会の基層にある問題に取り組むことが大切である．たまたま私が編者となったが，本書はここの研究会メンバー一人一人のお陰で完成した．改めて，執筆者のみなさんにお礼をいいたい．

また，何度かの長時間にわたる研究会に辛抱強くお付き合いいただいた，東京大学出版会の白崎孝造氏と黒田拓也氏にお礼を申し上げる．論文の単なる寄せ集めにならないよう本書をまとめるにあたり，お二人からのコメントは有益で，本書を完成するにあたって大変お世話になった．

はじめに掲げた志もまだ半ばであるというのが，本書を閉じるにあたっての正直な気持ちである．研究者であると同時に，時代に生き，時代を感じ，時代を作る一人でもある．社会を，時代を解き明かす職業についたことに責任をもって，これからも研究を続けていきたい．本書が，大きく揺れ動く社会の中で，少し立ち止まって格差や不平等について考える小さなきっかけとなれば，この上ない幸せである．

白波瀬佐和子

人名索引

A

阿部彩 53
Acker, Joan 51
麻生良文 195

C

Christpher, Jencks 110
Coleman, James 110

D

Davidson, Nick 138

F

藤原千沙 53

G

玄田有史 10, 50, 51, 81, 83, 223
Goldthorpe, John H. 51

H

原純輔 30, 51
橋本恭之 173
八田達夫 197
早坂裕子 140
林文子 173
Hashimoto, Hideki 139
樋口美雄 50, 52
House, James S. 139

I

猪木武徳 5
石川経夫 169
Ishida, Hiroshi 140
石田浩 2, 10, 21, 226
岩本康志 50, 58, 140
岩田正美 53, 74

K

梶田孝道 110
金子能宏 140, 173
苅谷剛彦 2, 80, 224
吉川徹 22
小島克久 139
国立社会保障・人口問題研究所 65, 126, 129
小西秀樹 49
Kotolikoff, Laurence 169
Kozol, Jonathan 111

L

Luhmann, Niklas 45

M

Matsuura, Katsumi 175
松浦克己 2, 167, 169, 194, 227
宮里尚三 228
村上泰亮 47
Modigiliani, Franco 157

N

永瀬伸子 52
内閣経済社会総合研究所 79
中田知生 140
仁田道夫 53

O

小口登良 197
大井方子 194
大石亜希子 53
大沢真知子 52
大沢真理 51
太田清 50
大竹文雄 2, 36, 50, 58, 79

R

Robert, Stephanie 139
Rosenbaum, James, E. 110

S

齋藤誠 50, 58
佐藤俊樹 1, 2, 6, 21, 23, 29, 42, 48, 49, 220
清家篤 50, 140
盛山和夫 2, 21, 30, 51
Shibuya, Kenji 139
Shigeno, Yukiko 175
滋野由紀子 167, 194

下夷美幸 53
篠塚英子 52
白波瀬佐和子 2, 50, 51, 53, 58, 61, 222
杉森裕樹 140
Summers, Laurence 157

T

Tachibanaki, Toshiaki. 169
橘木俊詔 1, 48, 169
田近英治 173
Takada, Seiji 169
高橋桂子 140
高山憲之 173
竹内洋 33
立岩真也 41
殿岡貴子 114
Towsend, Peter 138
都村敦子 65

U

海野道郎 8

Y

山田篤裕 50
Yano, Eiji 139
山口耕嗣 171
山崎喜比古 140
八代尚弘 52, 174
吉田浩 197

事項索引

あ行

安全資産の収益率　206
遺産　13, 42, 169, 227 →「相続税」も参照
　　——受取予定　184, 188
　　——取得経験　193
意識の階層性　8
1.57 ショック　47
意欲格差　80
医療機関へのアクセス　227
医療情報　155
飲酒　158
生まれ育つ地域　109
運用収益の変動リスク　199, 206, 208, 228
親世代の結果の不平等　164, 172, 193
親と子　24, 27, 30, 36, 42
　　——の連続性　26, 30, 42, 220
　　——の連続性の欠如　11, 220, 221

か行

階層間格差　157, 160, 226
画一教育　114
格差　49, 229
学生の収入構造　60
確定給付型（DB：Defind Benefit）198, 214, 228
　　——年金　199
確定拠出型（DC：Defind Contribution）198, 214, 215, 228
　　——年金　14, 199
家計貯蓄率　168
家計と貯蓄に関する調査　167, 176
数の変化と質の変化　9
家族類型　185, 192
活動制限　142
完全失業率　168
機会
　　——の均等　105, 115
　　——の差異　107
　　——の平等　23, 24, 27, 41, 44, 45
機会の不平等　8, 24, 25, 27, 35, 193, 221, 227
　　子ども世代の——　166, 172
危険資産の収益率　206
期待収益率　174
義務教育　12
　　——機会均等の幻想　133
　　——国庫負担金制度　117, 118, 132
　　——の機会の地域差　133
　　——の妥当な規模と内容　121, 131
　　——の費用負担　105, 107, 224
義務教育人件費　119
　　——の将来推定値　125
　　——の推定　130
　　——の都道府県格差　129
　　——の変化　127
義務標準法　118
求職型の無業者　82
教育機会
　　——均等の幻想　134

──の配分　108
教育基本法
　　──第3条　106
　　──第4条　106
教育財政の地方分権　133
教育の機会均等　224
教員の高齢化　12, 133, 226
教職員の年齢構成　123
教職員への人件費　119
業績主義的選抜　118
競争の公平性
　　──への信頼　134
　　──への幻想　225
金融資産保有　173
下り坂の錯覚　21, 31
経済格差　50
経済的リスク　60
結果の平等　41
結果の不平等　8, 227
健康
　　──意識　138, 227
　　──格差　159
　　──指標　226
　　──と格差　225
　　──と社会経済的地位　13
　　──と生活に関する調査　141
　　──の社会的格差　139, 140
　　──の不平等化　225
　　──保険制度の普及　39, 149
　　──予防　138
健康・医療に関する情報のアクセス　161
憲法26条　105
合計特殊出生率　54
高所得者
　　──世帯　97
　　──無業者層　98

厚生利得　212, 213
公的年金
　　──制度　193, 228
　　──の個人勘定化　14, 197, 199, 215
効用水準　213
高齢化　2, 50, 137
国民階保険制度　226
国民健康保険　159
国民総所得の実質伸び率　168
国民年金
　　──空洞化　166
　　──制度　226
個人勘定化　14, 40, 195, 213
子育ての経済的負担　175
雇用政策　94
コールマン・レポート　110

さ行

財源調整　119
サイズの変化　59
財政力指数　127, 130
財産取得価額　171
再分配政策としての税制　193
GMM　168, 182
ジェンダー　28, 52, 74
ジェンダー格差　76
資源再配分　119
資源の再配分　108, 117, 131
自己責任　24, 38, 43
仕事に就けない理由　93
事実と認識の問題　5
児童生徒数の減少　108, 135
児童生徒一人あたり義務教育人件費　121
ジニ係数　49, 58
シミュレーション分析　210, 211, 216
社会階層　143, 153

事項索引

――と社会移動全国調査　7, 22, 140
社会化空間　115, 117, 132
社会空間　225
　　――論　114
社会経済的
　　――格差　153, 161
　　――メカニズム　9, 219
社会正義　7, 50
社会的, 経済的な優位性・劣位性　5
社会保障制度の制度　39, 197
社会保障の個人勘定化　40, 198, 228
若年層
　　――の格差拡大　51
　　――の失業率　56
　　――の進学率　56
収益の変動リスク　202
就業経験　90, 91
主観的健康状態　143, 153
　　――の変化　143
出産・子育て　30, 167, 169, 227
　　――の負担　194
純金融資産　177
　　――蓄積　168
準本人　26, 28, 35, 221
少子化　32, 175, 227
少子高齢化　3, 55, 105, 197, 219, 229
少子高齢社会　3
少数派　223
　　――のニーズ　75
消費水準格差　179
食生活　160
所得格差　5, 19, 160
所得代替率　205, 212
所与としての条件　50
人口構造の変化　202
人生
　　――のスタートライン　230

　　――人生の帳尻あわせ　221
スウェーデン型の年金制度　202
生活
　　――空間　109
　　――習慣　155
　　――の質　155, 160, 162, 226, 227
政策的「失敗」　37
生存確率　209, 214
生存可能性・参加可能性　39
生年＝コーホート　166
世界保健機構　160
世代移転　13
世代間
　　――アンバランス　13, 228
　　――格差　166, 197, 215
　　――の給付格差　172
　　――の再分配政策　204
　　――の不公平　201
世代継承　13
世帯　51
世帯構造　52, 54
　　――的な不平等度　62
　　――の変化　11, 55
　　――の変動　222
　　――別の経済的リスク　64
戦後型家族　22, 32
戦後型社会のしくみ　36
全体と部分　10
選択可能／不能　43
相続　171
　　――時精算課税制度　172
　　――時精算制度特例　172
　　――税　42, 168, 172 →「遺産」も参照
測定の不確定性　41

た行

大衆教育社会 133
退職者数の比率 205
代理達成 32
多様な生き様 230
団塊の世代 67, 224
単独世帯 52, 57, 65
　——の低所得割合 68
地域格差 225
父親一人世帯 72–74
中央集権的教育 114
中年ニート 83
　——人口比率 90
中年無業 12, 81, 222
　——の最終学歴 87
　——の地域別の特徴 88
中年齢層の独身無業者 102
中年齢無業者層 84
長寿化 199
賃金分散 80
通院 142, 148
低所得者世帯 97
典型から外れる場合 74, 222
トータルな社会デザイン 75
都道府県
　——間の義務教育費 122
　——の財政力 121

な行

長生きのリスク 199, 200, 202, 210, 214
二極分化 1
　——論 4
肉体的だるさ 142, 149
日常的な活動が制限 151
日本の将来推計人口 127, 129, 203, 209
年金 225
　——加入・未加入 168
　——受給 168
　——受給の効果 184, 189
　——の未積立債務 175
年金制度 166, 197
　——の維持可能性 194

は行

媒介要因 159
配分
　——原理 5, 44, 76
　——メカニズム 231
爆発する不平等感 11, 220
母親一人世帯 72–74
非希望型無業者 82, 103, 222
非求職型の無業者 82
標準モデル 76
平等化戦略 44
賦課方式 201, 205
福祉対策 94, 223
不公平 8
不条理 6, 50
普通教育 106
不平等 2, 49, 229
　——化 17, 48
　——指数 49
　——度 59
不平等感
　——の消失 21, 36
　——の喪失 220
　——の爆発 18, 37
ブラックレポート 138
分散型の生活保障 77
平均寿命 137, 201
　——の推移 209

僻地校率　122
保健医療システムの総合目標達成　160
保険料率　205
母子家庭　54

ま行

慢性疾患　142, 146
未来志向の消滅　34
無業者の定義　82
無業のなかの二極化構造　101
無償制の原則　105

持ち家比率　177

や・ら・わ行

抑うつ症状　142, 152
ライフステージ　52, 58
リスク　5, 198
　——シェアリング　215
老後の所得変動リスク　200
量と質の変化　5
老年従属人口指数　204
65歳以上人口割合　54
ローレンツ曲線　49

執筆者紹介 (執筆順／2006年1月現在／*は編者)

*白波瀬佐和子（しらはせさわこ：筑波大学大学院助教授） 1958年うまれ 『少子高齢社会のみえない格差——ジェンダー・世代・階層のゆくえ』(東京大学出版会, 2005) 人口社会学, 階層・格差論専攻

佐藤俊樹（さとうとしき：東京大学大学院助教授） 1963年うまれ 『不平等社会日本——さよなら総中流』(中公新書, 2000) 『00年代の格差ゲーム』(中央公論新社, 2002) 比較社会学・日本社会論専攻

玄田有史（げんだゆうじ：東京大学社会科学研究所助教授） 1964年うまれ 『ジョブ・クリエイション』(日本経済新聞社, 2004)『働く過剰』(NTT出版, 2005) 労働経済学専攻

苅谷剛彦（かりやたけひこ：東京大学大学院教授） 1955年うまれ 『教育の世紀』(弘文堂, 2004)『階層化日本と教育危機——不平等再生産から意欲格差社会（インセンティブ・ディバイド）へ』(有信堂高文社, 2001) 教育社会学・比較社会学専攻

石田　浩（いしだひろし：東京大学社会科学研究所教授） 1954年うまれ 『学校・職安と労働市場——戦後新規学卒市場の制度化過程』(共編著, 東京大学出版会, 2000) 比較社会学・社会階層論専攻

松浦克己（まつうらかつみ：広島大学大学院教授） 1951年うまれ 『Eviewsによる計量経済学入門』(共著, 東洋経済新報社, 2005)『資産選択と日本経済』(共著, 東洋経済新報社, 2004) 労働経済学専攻

宮里尚三（みやざとなおみ：日本大学講師） 1971年うまれ 「確定給付年

金と確定拠出年金の望ましい組み合わせ」橘木俊詔・金子能宏編『企業福祉の制度改革——多様な働き方へ向けて』（東洋経済新報社，2003）　"Pension Reform in Sweden and Implications for Japan"（2004），*The Japanese Journal of Social Security Policy*, Vol. 3, No. 1, pp. 10-16.　社会保障論専攻

変化する社会の不平等　少子高齢化にひそむ格差

2006年2月16日　初　版
2006年3月24日　第3刷

[検印廃止]

編　者　白波瀬佐和子
　　　　しらはせさわこ

発行所　財団法人　東京大学出版会

代表者　岡本和夫

　　　　113-8654 東京都文京区本郷7-3-1 東大構内
　　　　電話 03-3811-8814　Fax 03-3812-6958
　　　　振替 00160-6-59964
印刷所　株式会社理想社
製本所　牧製本印刷株式会社

Ⓒ 2006 Sawako Shirahase *et al.*
ISBN 4-13-051124-6　　Printed in Japan

Ⓡ〈日本複写権センター委託出版物〉
本書の全部または一部を無断で複写複製（コピー）することは，著作権法上での例外を除き，禁じられています．本書からの複写を希望される場合は，日本複写権センター（03-3401-2382）にご連絡ください．

白波瀬佐和子	少子高齢社会のみえない格差 ジェンダー・世帯・階層のゆくえ	A5・3800円
金子　勇	都市の少子社会	A5・3500円
平岡公一編	高齢期と社会的不平等	A5・5200円
富永健一編	日本の階層構造	A5・8000円
原　純輔 盛山和夫	社会階層　豊かさの中の不平等	46・2800円
盛山・原・今田・海野・髙坂・近藤・白倉編	日本の階層システム　全6巻	46各2800円
国立社会保障・ 人口問題研究所編	社会保障と世代・公正	A5・4000円
国立社会保障・ 人口問題研究所編	少子社会の子育て支援	A5・4400円
国立社会保障・ 人口問題研究所編	家族・世帯の変容と生活保障機能	A5・4800円
本田由紀	若者と仕事　「学校経由の就職」を超えて	A5・3800円
苅谷剛彦・菅山真次・石田浩編	学校・職安と労働市場 戦後新規学卒市場の制度化過程	A5・6000円

ここに表示された価格は本体価格です．御購入の際には消費税が加算されますので御了承ください．